全科プリント　小学6年

この本《ほん》の使《つか》い方《かた》

おうちの方《かた》と
いっしょに読《よ》みましょう。

★ 1枚《まい》が1回分《かいぶん》です。1枚ずつ切《き》り取《と》って使《つか》いましょう。

★ 1回分が終《お》わったら答《こた》え合《あ》わせをし，点数《てんすう》をつけましょう。

★ まちがえた問題《もんだい》は，やり直《なお》しましょう。
最初《さいしょ》から100点を取れることよりも，まちがえたところを理解《りかい》することのほうが大事《だいじ》です。

★ 「確認《かくにん》テスト」は，学習《がくしゅう》した内容《ないよう》をまとまりごとに復習《ふくしゅう》するテストです。

★ はってんマークのついている問題は，難《むずか》しい問題です。ちょう戦《せん》してみましょう。

★ 英語《えいご》のリスニングマークのついている問題は，音声《おんせい》を聴《き》いて答える問題です。
おうちの人《ひと》のスマートフォン，またはタブレットPCを使って聴いてください。

おうちの方へ

★ **英語の音声再生アプリのご利用方法**

スマートフォン，またはタブレットPCから
下記のURL，またはQRコードにアクセスしてください。
https://gakken-ep.jp/extra/myotomo/

※お客様のインターネット環境および携帯端末によりアプリをご利用できない場合や，音声をダウンロード・再生できない場合，当社は責任を負いかねます。ご理解，ご了承いただきますよう，お願いいたします。アプリは無料ですが，通信料はお客様のご負担になります。

★ **答え合わせについて**

まちがえた問題は，お子さまが理解できるまで指導してあげてください。
答えのページにある アドバイス を指導の参考にしてください。

★ **はってんマークのついた問題について**

はってんマークのついた問題は，学習指導要領の範囲をこえた，発展的な学習内容です。
教科書で扱っている発展内容を中心に掲載しています。

線対称《せんたいしょう》

目標時間 20 分

学習した日　　月　　日

名前

得点

100点 満点

答え ▶ 110ページ

1 次の図形の中から，線対称《せんたいしょう》な図形を選んで，記号で答えましょう。【10点】

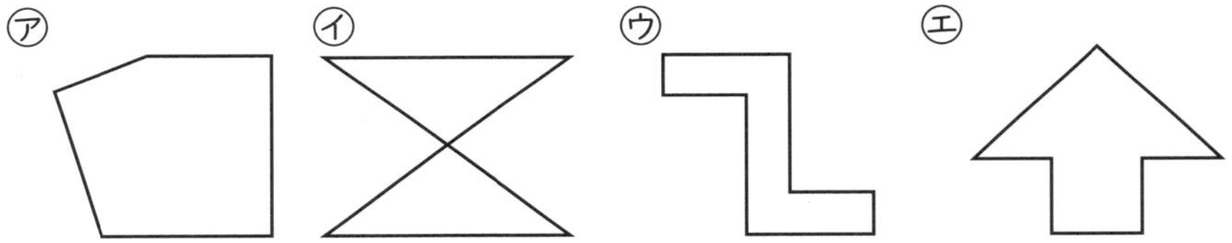

(　　　　　　　)

2 右の図は，直線アイを対称の軸《じく》とする線対称な図形です。各７点【42点】

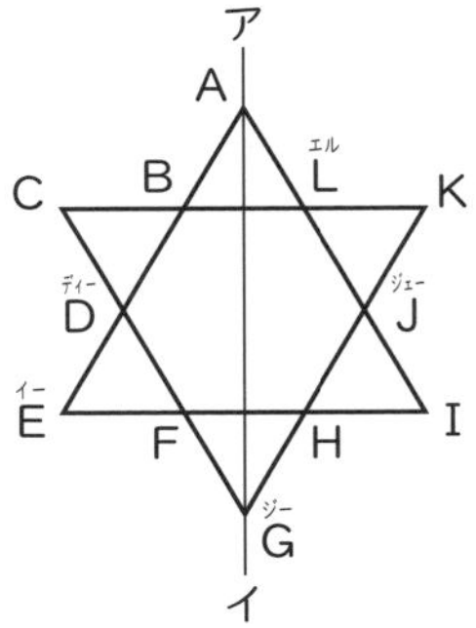

① 点C《シー》，点F《エフ》に対応する点は，それぞれどれですか。

点C(　　　　　)　点F(　　　　　)

② 辺AB《エービー》，辺HI《エイチアイ》に対応する辺は，それぞれどれですか。

辺AB(　　　　　)　辺HI(　　　　　)

③ 直線CK《ケー》と直線アイは，どのように交わっていますか。

(　　　　　　　)

④ 対称の軸は，直線アイのほかに何本ありますか。

(　　　　　　　)

3 右の正五角形は，直線アイを対称の軸とする線対称な図形です。各７点【28点】

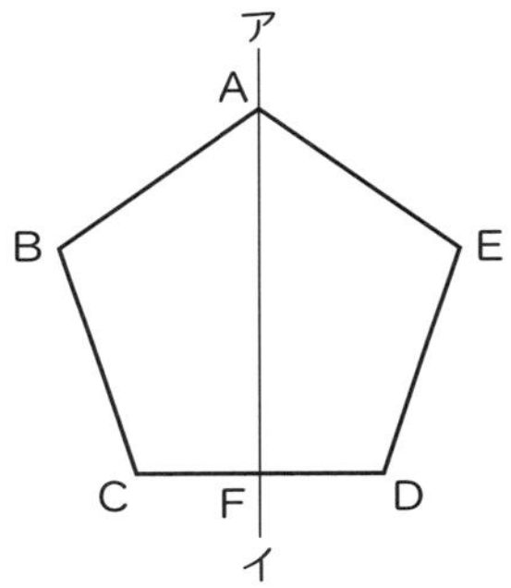

① 辺BCに対応する辺はどれですか。

(　　　　　　　)

② 角Cに対応する角はどれですか。

(　　　　　　　)

③ 辺CDの長さが８cmのとき，直線CFの長さは何cmですか。

(　　　　　　　)

④ 対称の軸は，直線アイのほかに何本ありますか。

(　　　　　　　)

4 次の図で，直線アイを対称の軸として，線対称な図形をかきましょう。各10点【20点】

①

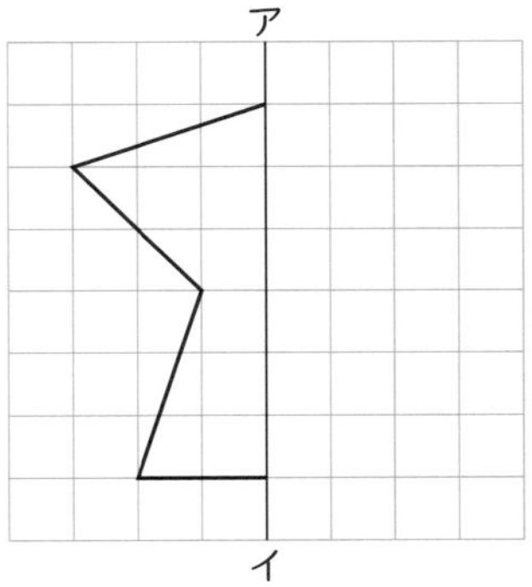

②

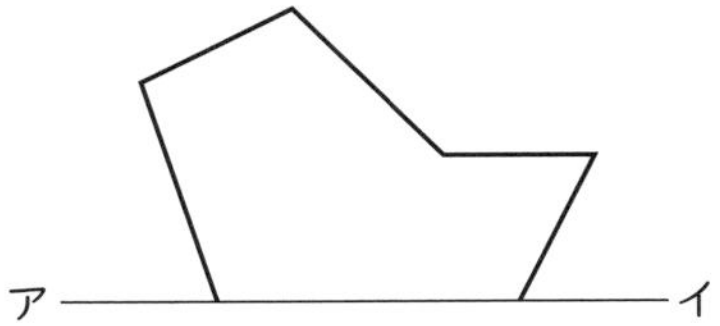

答え ▶ 110ページ

点対称《てんたいしょう》

1 次の図形の中から，点対称《てんたいしょう》な図形を選んで，記号で答えましょう。 【8点】

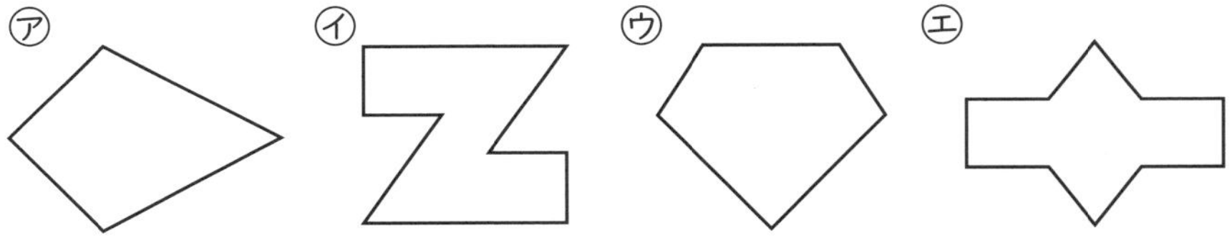

（　　　　　　）

2 右の図は，点O《オー》を対称の中心とする点対称な図形です。 各6点【48点】

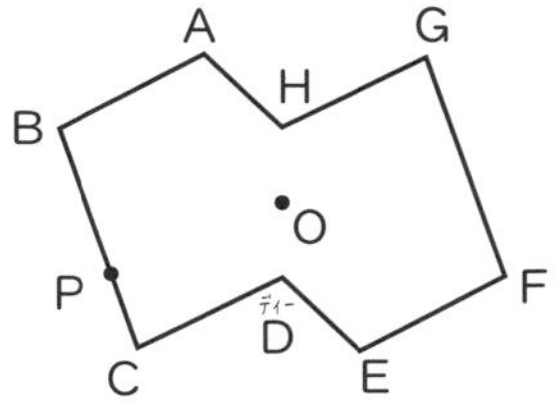

① 点A《エー》，点G《ジー》に対応する点は，それぞれどれですか。

点A（　　　　）　点G（　　　　）

② 辺BC《ビーシー》，辺EF《イーエフ》に対応する辺は，それぞれどれですか。

辺BC（　　　　）　辺EF（　　　　）

③ 角F，角H《エイチ》に対応する角は，それぞれどれですか。

角F（　　　　）　角H（　　　　）

④ 直線OCと長さが等しい直線はどれですか。

（　　　　）

⑤ 点P《ピー》に対応する点Q《キュー》を，図にかきましょう。

3 次の図で，点Oを対称の中心として，点対称な図形をかきましょう。 各10点【20点】

①

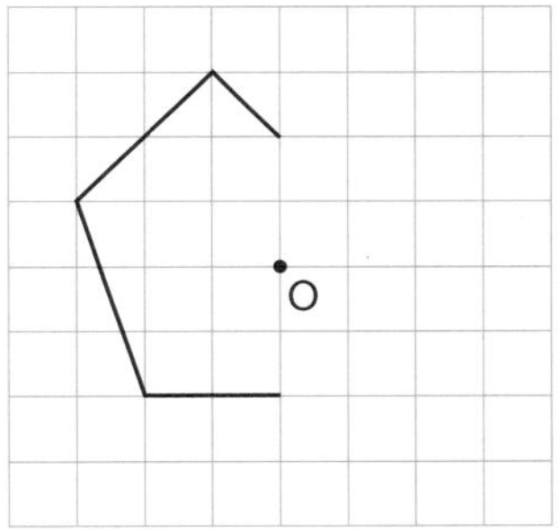

②

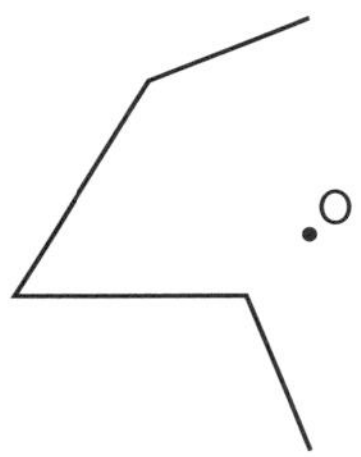

4 三角形や四角形，正多角形の対称について調べます。線対称や点対称であれば○を，そうでなければ×を，線対称であれば対称の軸《じく》の数を書きましょう。 各1点【24点】

		線対称	対称の軸の数	点対称
㋐	二等辺三角形			
㋑	正三角形			
㋒	長方形			
㋓	ひし形			
㋔	正方形			
㋕	正五角形			
㋖	正六角形			
㋗	正七角形			

文字と式①

目標時間 20 分

学習した日　　月　　日

名前

得点

100点 満点

答え ▶ 110ページ

1 次の数量を文字を使った式に表しましょう。　各10点【60点】

① 1枚《まい》50円の切手を x《エックス》 枚買ったときの代金

(　　　　　　　　)

② x Lの水が入っている水そうに，水を10 L入れたときの水そう全体の水の量

(　　　　　　　　)

③ a《エー》 mのテープを6人で等分するときの1人分の長さ

(　　　　　　　　)

④ x円のシャツを買って，1000円出したときのおつり

(　　　　　　　　)

⑤ 1辺の長さが a cmの正方形のまわりの長さ

(　　　　　　　　)

⑥ 面積が x cm^{2}で，横の長さが12 cmの長方形の縦《たて》の長さ

(　　　　　　　　)

2 1本80円のえん筆を x 本買います。　①②5点，③式5点，答え5点【20点】

① 代金を式に表しましょう。

(　　　　　　　　)

② x の値《あたい》が3のときの代金を求めましょう。

(　　　　　　　　)

③ 代金が400円のときを式に表して，x の値を求めましょう。

（式）

(　　　　　　　　)

3 x dLの牛乳《ぎゅうにゅう》のうち，2 dLを飲みました。

①②5点，③式5点，答え5点【20点】

① 残りの牛乳の量を式に表しましょう。

(　　　　　　　　)

② x の値が5のときの残りの牛乳の量を求めましょう。

(　　　　　　　　)

③ 残りの牛乳の量が7 dLのときを式に表して，x の値を求めましょう。

（式）

(　　　　　　　　)

文字と式②

目標時間 20 分　学習した日　月　日

名前

得点　100点満点

答え ▶ 110ページ

1 次の x《エックス》と y《ワイ》の関係を「 ～ $=y$ 」となるように，式に表しましょう。

各8点【40点】

① 1本 x 円のボールペンを5本買うと，代金は y 円です。

(　　　　　)

② x mの針金《はりがね》のうち，10 m使うと，残りの長さは y mです。

(　　　　　)

③ x kgの砂糖《さとう》を，8つのふくろに等分すると，1ふくろの砂糖の重さは y kgです。

(　　　　　)

④ 底辺が9 cm，高さが x cmの平行四辺形の面積は y cm^2 です。

(　　　　　)

⑤ 1個80円のおかしを x 個買って，150円の箱に入れてもらうと，代金は y 円です。

(　　　　　)

2 1冊《さつ》 x 円のノートを4冊買ったときの代金を y 円とします。

各10点【30点】

① x と y の関係を「 ～ $=y$ 」となるように，式に表しましょう。

(　　　　　)

② x の値《あたい》が50のとき，対応する y の値を求めましょう。

(　　　　　)

③ y の値が300のとき，対応する x の値を求めましょう。

(　　　　　)

3 縦《たて》の長さが8 cm，横の長さが x cmの長方形があります。次の式は何を表していますか。

各10点【20点】

① $8 \times x$

(　　　　　)

② $(8+x) \times 2$

(　　　　　)

4 $x \times 3+50=y$ の式は，次の㋐～㋒のどれを表していますか。

【10点】

㋐ 1冊 x 円のノートを3冊買ったら，50円安くしてくれたので y 円はらいました。

㋑ 1冊 x 円のノートを3冊買って y 円出したら，おつりが50円きました。

㋒ 1冊 x 円のノート3冊の代金は y 円です。

(　　　　　)

分数と整数のかけ算，わり算

答え ▸ 110ページ

1 計算をしましょう。　各5点【60点】

① $\frac{2}{7}\times 3$　　② $\frac{4}{9}\times 3$

③ $\frac{6}{25}\times 10$　　④ $\frac{3}{8}\times 12$

⑤ $\frac{5}{12}\times 18$　　⑥ $1\frac{3}{7}\times 21$

⑦ $\frac{1}{2}\div 4$　　⑧ $\frac{2}{3}\div 2$

⑨ $\frac{5}{6}\div 10$　　⑩ $\frac{15}{8}\div 12$

⑪ $1\frac{4}{5}\div 18$　　⑫ $2\frac{5}{8}\div 7$

2 牛乳《ぎゅうにゅう》が $\frac{4}{5}$ Lずつ入っているびんが4本あります。牛乳は全部で何Lありますか。　式5点，答え5点【10点】

（式）

答え ＿＿＿＿＿＿

3 1 dLで $\frac{5}{8}$ m^2の板をぬれるペンキがあります。このペンキ6 dLでは，何m^2の板をぬることができますか。　式5点，答え5点【10点】

（式）

答え ＿＿＿＿＿＿

4 $\frac{35}{9}$ kgの米を，5つのふくろに等分します。1ふくろの米の量は，何kgですか。　式5点，答え5点【10点】

（式）

答え ＿＿＿＿＿＿

5 まわりの長さが$2\frac{1}{7}$ mの正三角形があります。この正三角形の1辺の長さは何mですか。　式5点，答え5点【10点】

（式）

答え ＿＿＿＿＿＿

算数 6

分数のかけ算①

目標時間 20 分

学習した日　月　日

名前

得点

100点満点

答え ▶ 110ページ

1 計算をしましょう。　各6点【60点】

① $\frac{1}{5}\times\frac{3}{8}$

② $\frac{4}{9}\times\frac{5}{7}$

③ $\frac{9}{5}\times\frac{4}{5}$

④ $\frac{3}{7}\times\frac{2}{3}$

⑤ $\frac{5}{6}\times\frac{2}{7}$

⑥ $\frac{9}{4}\times\frac{8}{3}$

⑦ $\frac{7}{16}\times\frac{10}{21}$

⑧ $8\times\frac{2}{9}$

⑨ $15\times\frac{3}{10}$

⑩ $12\times\frac{7}{4}$

2 1 dLで，へいを $\frac{7}{9}$ m^2 ぬれるペンキがあります。
式5点，答え5点【20点】

① このペンキ $\frac{3}{5}$ dLでは，へいを何 m^2 ぬれますか。

（式）

答え

② このペンキ $\frac{12}{7}$ dLでは，へいを何 m^2 ぬれますか。

（式）

答え

3 1 mの重さが $\frac{6}{5}$ kgのパイプがあります。このパイプ $\frac{3}{4}$ mの重さは何kgですか。
式5点，答え5点【10点】

（式）

答え

4 1 mの値段《ねだん》が320円のリボンがあります。このリボン $\frac{5}{8}$ mの代金はいくらですか。
式5点，答え5点【10点】

（式）

答え

分数のかけ算②

目標時間 20 分

学習した日　　月　　日

名前

得点

100点 満点

答え ▶ 111ページ

1 計算をしましょう。　各5点【40点】

① $1\frac{1}{3}\times1\frac{3}{5}$

② $2\frac{2}{9}\times1\frac{3}{4}$

③ $1\frac{3}{7}\times2\frac{4}{5}$

④ $\frac{6}{7}\times2\frac{5}{8}$

⑤ $3\frac{3}{10}\times\frac{4}{11}$

⑥ $\frac{9}{14}\times1\frac{8}{27}$

⑦ $4\times1\frac{5}{6}$

⑧ $8\times2\frac{1}{4}$

2 1Lの重さが $\frac{11}{15}$ kgの油があります。この油 $2\frac{6}{7}$ Lの重さは何kgですか。　式5点，答え5点【10点】

（式）

答え

3 次の図形の面積を求めましょう。　式5点，答え5点【20点】

① 長方形

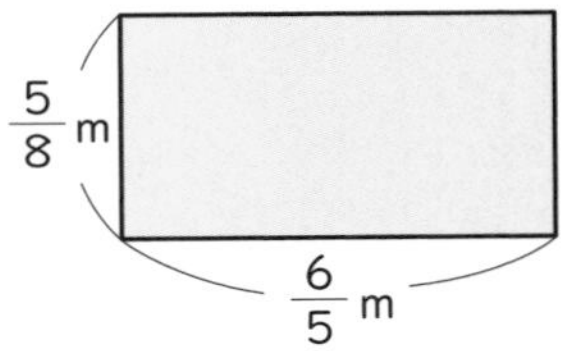

（式）

答え

② 平行四辺形

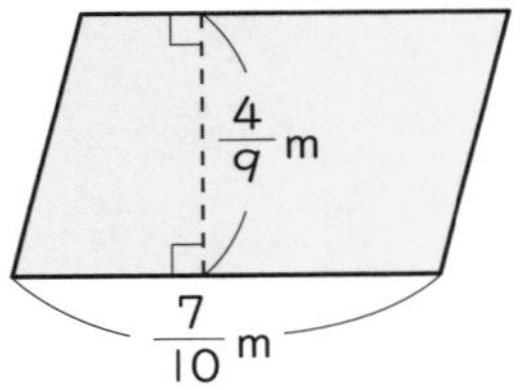

（式）

答え

4 計算をしましょう。　各5点【30点】

① $\frac{2}{7}\times\frac{3}{4}\times\frac{7}{9}$

② $\frac{3}{10}\times\frac{6}{11}\times\frac{4}{9}$

③ $\frac{7}{15}\times1\frac{1}{3}\times\frac{5}{14}$

④ $\frac{5}{12}\times\frac{9}{10}\times2\frac{2}{5}$

⑤ $4\times\frac{7}{12}\times1\frac{5}{21}$

⑥ $2\frac{1}{4}\times10\times\frac{8}{9}$

算数 8

分数のかけ算③

目標時間 20 分

学習した日　　月　　日

名前

得点

100点 満点

答え ▶ 111ページ

1 計算のきまりを使って，くふうして計算しましょう。 各6点【36点】

① $\left(\frac{7}{8}\times\frac{5}{9}\right)\times\frac{18}{5}$

② $\frac{12}{11}\times\left(\frac{5}{6}\times\frac{11}{12}\right)$

③ $\left(\frac{5}{6}+\frac{4}{15}\right)\times 60$

④ $24\times\left(\frac{7}{8}-\frac{1}{6}\right)$

⑤ $\frac{7}{11}\times\frac{2}{5}+\frac{7}{11}\times\frac{3}{5}$

⑥ $\frac{2}{3}\times\frac{9}{10}-\frac{1}{3}\times\frac{9}{10}$

2 次の数の逆数を求めましょう。 各6点【24点】

① $\frac{7}{8}$ （　　　）　② $\frac{1}{5}$ （　　　）

③ 9 （　　　）　④ 0.8 （　　　）

3 $\frac{4}{7}$ の逆数と $1\frac{2}{5}$ の逆数の積を求めましょう。 式5点，答え5点【10点】

（式）

答え ＿＿＿＿＿＿

4 〔　〕の中の単位で表しましょう。 各5点【15点】

① $\frac{3}{4}$ 時間〔分〕　② $\frac{8}{5}$ 時間〔分〕　③ $\frac{7}{10}$ 分〔秒〕

（　　　）　（　　　）　（　　　）

5 1時間に48 km走る自動車があります。この自動車が35分間走りました。 ①5点，②式5点，答え5点【15点】

① 35分は何時間ですか。分数で表しましょう。

（　　　）

② この自動車は何km進みましたか。

（式）

答え ＿＿＿＿＿＿

算数 9

分数のわり算①

目標時間 20 分

学習した日 月 日

名前

得点

100点 満点

答え ▶ 111ページ

1 計算をしましょう。 各6点【60点】

① $\frac{1}{4} \div \frac{2}{5}$

② $\frac{7}{5} \div \frac{4}{7}$

③ $\frac{2}{3} \div \frac{5}{6}$

④ $\frac{4}{7} \div \frac{6}{11}$

⑤ $\frac{3}{8} \div \frac{9}{16}$

⑥ $\frac{8}{7} \div \frac{10}{13}$

⑦ $\frac{5}{12} \div \frac{10}{9}$

⑧ $3 \div \frac{2}{7}$

⑨ $9 \div \frac{6}{5}$

⑩ $10 \div \frac{5}{9}$

2 $\frac{5}{3}$Lの牛乳《ぎゅうにゅう》があります。 式5点，答え5点【20点】

① $\frac{1}{9}$Lずつ分けてびんに入れると，びんは何本できますか。

（式）

答え ＿＿＿＿＿＿

② $\frac{5}{12}$Lずつ分けてびんに入れると，びんは何本できますか。

（式）

答え ＿＿＿＿＿＿

3 $\frac{7}{9}$mの重さが$\frac{9}{10}$kgの木の棒《ぼう》があります。この木の棒1mの重さは何kgですか。 式5点，答え5点【10点】

（式）

答え ＿＿＿＿＿＿

4 油を$\frac{7}{8}$L買ったら，560円でした。この油1Lの値《ね》段《だん》は何円ですか。 式5点，答え5点【10点】

（式）

答え ＿＿＿＿＿＿

分数のわり算②

目標時間 20 分

学習した日　月　日

名前

得点

100点 満点

答え ▶ 111ページ

1 計算をしましょう。　各8点【64点】

① $\frac{5}{6} \div 1\frac{2}{9}$

② $\frac{8}{11} \div 2\frac{2}{7}$

③ $1\frac{1}{5} \div \frac{3}{4}$

④ $2\frac{7}{10} \div \frac{9}{25}$

⑤ $2\frac{3}{4} \div 1\frac{3}{5}$

⑥ $1\frac{4}{9} \div 2\frac{1}{6}$

⑦ $1\frac{2}{3} \div 4\frac{3}{8}$

⑧ $1\frac{7}{15} \div 3\frac{3}{10}$

2 $9\frac{3}{4}m^2$のかべをぬるのに，$2\frac{3}{5}$Lのペンキを使いました。ペンキ1Lでかべを何m^2ぬったことになりますか。

式6点，答え6点【12点】

（式）

答え ＿＿＿＿＿＿＿＿

3 面積が$1\frac{1}{9}m^2$の長方形があります。横の長さは$1\frac{1}{4}$mです。縦《たて》の長さは何mですか。

式6点，答え6点【12点】

（式）

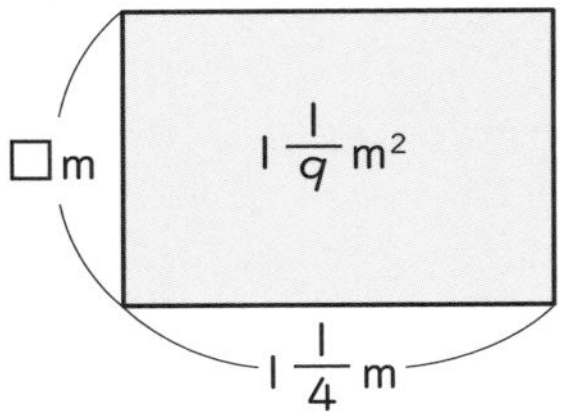

答え ＿＿＿＿＿＿＿＿

4 1日に9秒ずつおくれる時計があります。この時計は，何日で6分おくれますか。9秒を分の単位になおして求めましょう。

式6点，答え6点【12点】

（式）

答え ＿＿＿＿＿＿＿＿

算数 11 分数のかけ算とわり算

目標時間 20 分

学習した日 月 日

名前

得点

100点満点

答え ▶ 111ページ

1 計算をしましょう。 各6点【48点】

① $\frac{5}{6}\times\frac{4}{7}\div\frac{5}{9}$

② $\frac{2}{5}\div\frac{4}{7}\times\frac{10}{7}$

③ $\frac{4}{9}\times\frac{5}{8}\div\frac{2}{3}$

④ $\frac{3}{10}\div\frac{6}{11}\times\frac{4}{5}$

⑤ $\frac{5}{18}\times\frac{6}{7}\div 15$

⑥ $\frac{15}{7}\div 12\times\frac{4}{5}$

⑦ $\frac{8}{3}\div\frac{14}{9}\div\frac{2}{7}$

⑧ $\frac{9}{5}\div 6\div\frac{7}{20}$

2 次の計算のうち，答えが5より大きくなるものを全部選んで，記号で答えましょう。 【10点】

㋐ $5\times\frac{8}{7}$　㋑ $5\times\frac{7}{8}$　㋒ $5\div\frac{2}{9}$　㋓ $5\div\frac{9}{2}$

(　　　　　　　　)

3 小数や整数を分数になおして，計算しましょう。 各7点【42点】

① $\frac{4}{15}\times 1.6\times\frac{9}{8}$

② $\frac{4}{7}\times\frac{9}{5}\div 0.8$

③ $\frac{8}{3}\div 3.2\times\frac{12}{5}$

④ $0.3\div\frac{2}{3}\div 1.2$

⑤ $2.4\div 1.6\times 3$

⑥ $16\times 8\div 12\div 18$

分数の倍とかけ算・わり算

目標時間 20 分　学習した日　月　日　名前

得点　100点満点

答え ▶ 112ページ

1 次の問題に答えましょう。　各6点【18点】

① 45 m は，70 m の何倍ですか。

（　　　　）

② $\frac{3}{4}$ L をもとにすると，$\frac{5}{6}$ L は何倍ですか。

（　　　　）

③ $\frac{16}{9}$ m^2 を 1 とみると，$\frac{8}{3}$ m^2 はどれだけにあたりますか。

（　　　　）

2 □にあてはまる数を書きましょう。　各6点【30点】

① 300 cm の $\frac{3}{4}$ 倍は，□ cm です。

② □ kg は，$\frac{4}{5}$ kg の $\frac{9}{8}$ にあたる重さです。

③ 9 dL を 1 とみると，$\frac{5}{6}$ にあたるかさは □ dL です。

④ □ 円の $\frac{2}{9}$ 倍は，180 円です。

⑤ $\frac{4}{15}$ g は，□ g の $\frac{8}{5}$ にあたります。

3 広場の面積は $\frac{15}{16}$ km^2 で，そのうち，花だんの面積は $\frac{5}{18}$ km^2 です。そして，花だんの $\frac{2}{5}$ に，バラの花が植えてあります。　式6点，答え6点【24点】

① 花だんの面積は，広場全体の面積の何倍ですか。

（式）

答え ＿＿＿＿＿＿

② バラの花を植えてあるところの面積は，何 km^2 ですか。

（式）

答え ＿＿＿＿＿＿

4 まさみさんの学校全体の児童の人数は462人で，6年生の人数は，学校全体の児童の人数の $\frac{2}{11}$ にあたります。6年生は何人いますか。　式7点，答え7点【14点】

（式）

答え ＿＿＿＿＿＿

5 ある長方形の横の長さは $\frac{10}{9}$ m で，これは縦《たて》の長さの $\frac{5}{6}$ 倍です。縦の長さは何 m ですか。　式7点，答え7点【14点】

（式）

答え ＿＿＿＿＿＿

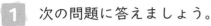

確認《かくにん》テスト①

目標時間 20 分

学習した日　月　日

名前

得点

100点満点

答え ▶ 112ページ

1 右の図の正六角形ABCDEF《エービーシーディーイーエフ》は，線対称《せんたいしょう》であり点対称でもある図形です。　各6点【18点】

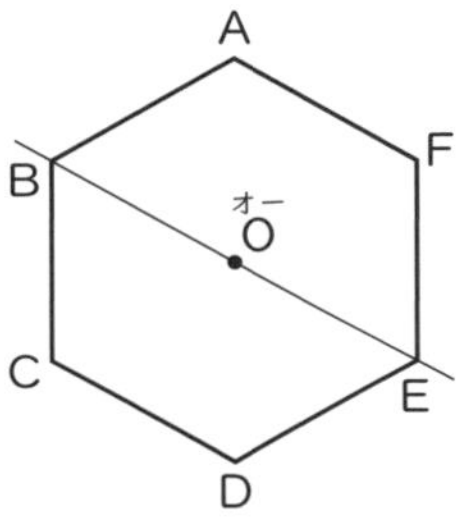

① 直線BEを対称の軸《じく》とするとき，点Aに対応する点はどれですか。

(　　　　)

② 点対称な図形とみるとき，辺AFに対応する辺はどれですか。

(　　　　)

③ 対称の軸は何本ありますか。　(　　　　)

2 計算をしましょう。　各5点【30点】

① $\frac{7}{8} \times 6$　② $\frac{5}{9} \times \frac{3}{10}$

③ $2\frac{1}{12} \times 1\frac{1}{15}$　④ $\frac{10}{3} \div 8$

⑤ $\frac{8}{15} \div \frac{4}{5}$　⑥ $2\frac{7}{10} \div 3\frac{3}{5}$

3 縦《たて》の長さが x《エックス》 cm，横の長さが12 cmの長方形の面積を y《ワイ》 cm^{2}として，次の問いに答えましょう。　各6点【12点】

① xとyの関係を「 ～ $=y$ 」となるように式に表しましょう。

(　　　　)

② xの値《あたい》が5のとき，対応するyの値を求めましょう。

(　　　　)

4 1辺の長さが$\frac{3}{7}$ mの正方形の面積は何m^{2}ですか。　式6点，答え6点【12点】

(式)

答え ＿＿＿＿＿＿

5 $\frac{16}{5}$ m^{2}の花だんに肥料をまきます。1 m^{2}あたり$\frac{3}{8}$ kgの肥料をまくと，何kgの肥料がいりますか。　式7点，答え7点【14点】

(式)

答え ＿＿＿＿＿＿

6 ハイキングコースを15 km歩きました。歩いた道のりは，コース全体の$\frac{3}{4}$にあたります。コース全体の道のりは何kmですか。　式7点，答え7点【14点】

(式)

答え ＿＿＿＿＿＿

算数 14

比

目標時間 20分

学習した日　月　日

名前

得点

100点 満点

答え ▶ 112ページ

算数

1 次の割合《わりあい》を，比で表しましょう。　各３点【6点】

① ㋐と㋑の水のかさの割合

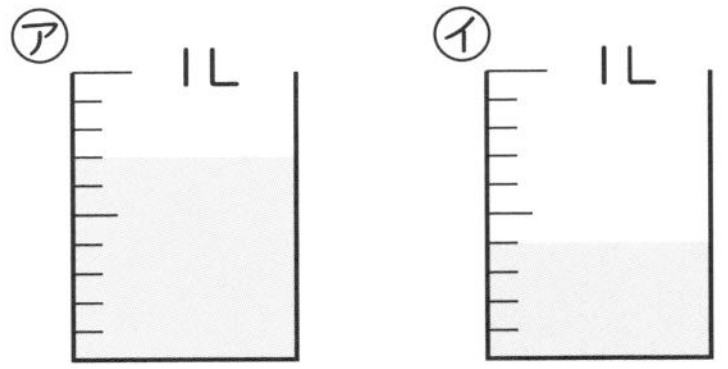

(　　　　　　)

② 下の長方形の縦《たて》と横の長さの割合

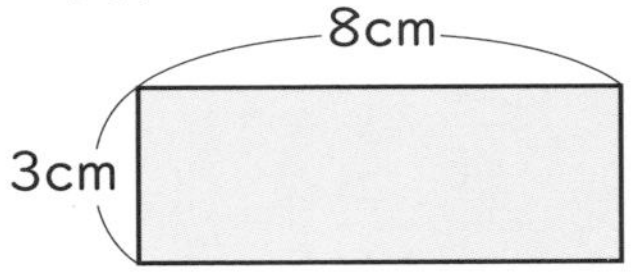

(　　　　　　)

2 次の比の値《あたい》を求めましょう。　各４点【16点】

① 4：9　(　　　)

② 35：7　(　　　)

③ 2.8：4.9　(　　　)

④ 5：2.6　(　　　)

3 次の２つの比が等しければ＝を，等しくなければ×を，□の中に書きましょう。　各３点【18点】

① 4：5 □ 5：6

② 3：10 □ 12：40

③ 7：2 □ 2：7

④ 16：8 □ 2：1

⑤ 30：40 □ 21：28

⑥ 9：15 □ 45：65

4 次の比と等しい比を，それぞれ２つ書きましょう。　各４点【16点】

① 2：8

(　　　　) (　　　　)

② 18：12

(　　　　) (　　　　)

5 次の比を簡単《かんたん》にしましょう。　各５点【20点】

① 42：54　(　　　)

② 300：450　(　　　)

③ 3.2：2.4　(　　　)

④ $\frac{2}{9}:\frac{7}{12}$　(　　　)

6 x《エックス》の表す数を求めましょう。　各４点【24点】

① 2：5=6：x　(　　　)

② 8：7=x：42　(　　　)

③ 15：20=3：x　(　　　)

④ 63：14=x：2　(　　　)

⑤ 4：x=36：99　(　　　)

⑥ x：24=9：3　(　　　)

算数 15

比の利用①

目標時間 20分

学習した日　　月　　日

名前

得点

100点満点

答え ▶ 112ページ

1 すとオリーブ油の量の比が3：5になるように混ぜて，ドレッシングをつくります。 式6点，答え6点【24点】

① すの量を45 mLにすると，オリーブ油の量は何mLになりますか。

（式）

答え ＿＿＿＿＿＿

② オリーブ油の量を60 mLにすると，すの量は何mLになりますか。

（式）

答え ＿＿＿＿＿＿

2 高さ3 mの棒《ぼう》のかげの長さをはかったら，2 mありました。 ①6点，②③式7点，答え7点【34点】

① 棒の高さと棒のかげの長さの割合《わりあい》を，比で表しましょう。

（　　　　　　　）

② ①のとき，高さ180 cmの棒のかげの長さは，何cmですか。

（式）

答え ＿＿＿＿＿＿

③ ①のとき，木のかげの長さをはかったら，6 mありました。この木の高さは何mありますか。

（式）

答え ＿＿＿＿＿＿

3 縦《たて》の長さが12 cm，横の長さが16 cmの長方形があります。縦と横の長さの比がこれと同じ長方形をかきます。 式7点，答え7点【28点】

① 縦の長さを15 cmにすると，横の長さは何cmになりますか。

（式）

答え ＿＿＿＿＿＿

② 横の長さを24 cmにすると，この長方形の面積は何cm^2になりますか。

（式）

答え ＿＿＿＿＿＿

4 あきらさんの学校には，全部で420人の児童がいます。女子の児童数と全部の児童数の比は7：15です。男子の児童数は何人ですか。 式7点，答え7点【14点】

（式）

答え ＿＿＿＿＿＿

比の利用②

目標時間 20 分

学習した日　　月　　日

名前

得点

100点 満点

答え ▶ 112ページ

1 白と黒のご石があわせて210個ふくろの中に入っています。白のご石と黒のご石の数の比は3：4です。

①②7点，③式7点，答え7点【28点】

① 白のご石とご石全体の数の比を求めましょう。

(　　　　　)

② 白のご石の数は，ご石全体の数の何分のいくつにあたりますか。

(　　　　　)

③ 白のご石の数を求めましょう。

（式）

答え ______________

2 色紙が156枚《まい》あります。これを，姉と妹で，枚数の比が8：5になるように分けました。姉と妹の色紙の枚数は，それぞれ何枚になりますか。

式9点，答え9点【18点】

（式）

答え　姉 ______________，妹 ______________

3 兄は12才，弟は8才です。おばさんから1000円もらったので，2人の年れいの比で分けることにしました。兄はいくらもらえますか。

式9点，答え9点【18点】

（式）

答え ______________

4 100枚の折り紙を姉と妹で分けました。姉は友だちに10枚あげたので，姉と妹の折り紙の枚数の比が5：4になりました。はじめに姉と妹はどのような比で分けましたか。

式9点，答え9点【18点】

（式）

答え ______________

はってん

5 長さ96cmの針金《はりがね》を折り曲げて，辺の長さの比が4：5：7の三角形をつくると，3つの辺の長さは，それぞれ何cmになりますか。

式9点，答え9点【18点】

（式）

答え ______________

拡大図《かくだいず》と縮図《しゅくず》

目標時間 20 分

学習した日　　月　　日

名前

得点

100点満点

答え ▶ 113ページ

1 次の図を見て答えましょう。　各5点【20点】

① ㋐の三角形の拡大図《かくだいず》はどれですか。また，何倍の拡大図になっていますか。

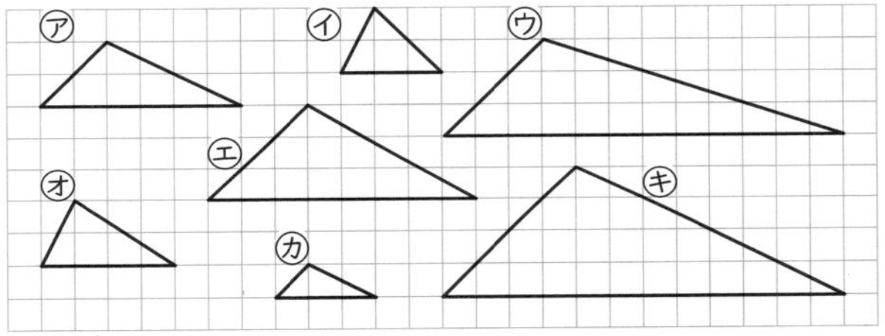

(　　　　　　) (　　　　　　)

② ㋐の三角形の縮図《しゅくず》はどれですか。また，何分のいくつの縮図になっていますか。　(　　　　　　) (　　　　　　)

2 右の三角形DEF《ディーイーエフ》は三角形ABC《エービーシー》の拡大図です。　各8点【24点】

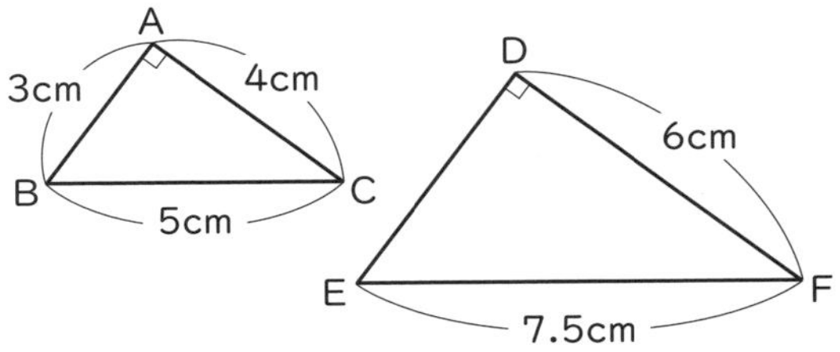

① 何倍の拡大図ですか。

(　　　　　　)

② 辺DEの長さは何cmですか。

(　　　　　　)

③ 角Fの大きさと等しい角はどれですか。

(　　　　　　)

3 右の四角形EFGH《ジーエイチ》は四角形ABCDの縮図です。　各8点【32点】

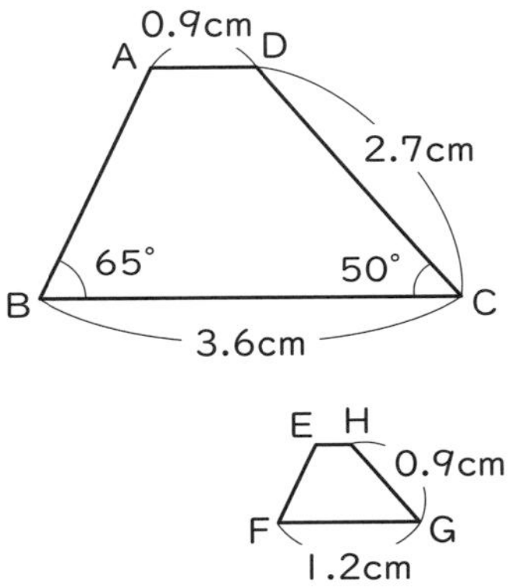

① 何分のいくつの縮図ですか。

(　　　　　　)

② 辺EHの長さは何cmですか。

(　　　　　　)

③ 角F，角Gの大きさは，それぞれ何度ですか。

角F(　　　　　　)　角G(　　　　　　)

4 ①は三角形ABCの3倍の拡大図を，②は四角形ABCDの $\frac{1}{2}$ の縮図を，それぞれ頂点《ちょうてん》Bを中心にしてかきましょう。　各12点【24点】

①

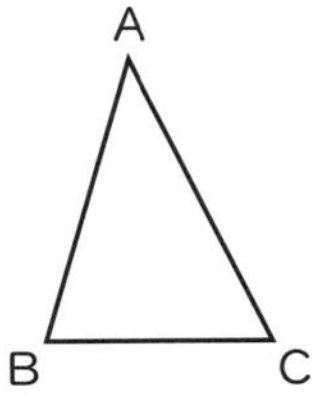

②

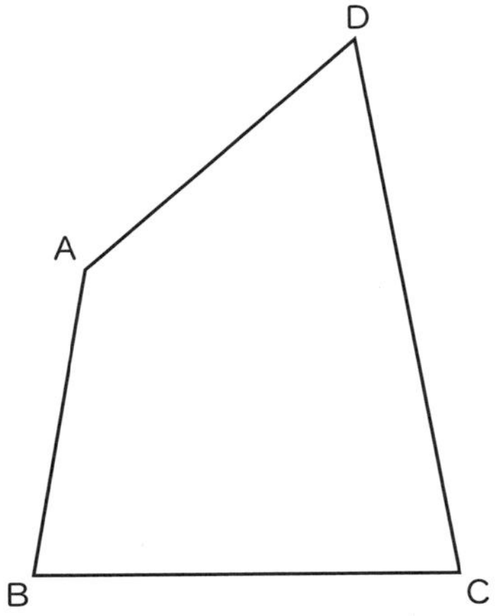

縮図《しゅくず》の利用

目標時間 20分

学習した日　　月　　日

名前

得点

100点満点

答え ▶ 113ページ

1 次の問いに答えましょう。　各10点【30点】

① 10 mの長さを4 cmで表した縮図《しゅくず》の縮尺《しゅくしゃく》は何分のいくつですか。

(　　　　　)

② 5 kmの長さは $\frac{1}{25000}$ の地図の上では何cmで表されますか。

(　　　　　)

③ 1：2000の地図の上で1.5 cmの長さは実際には何mですか。

(　　　　　)

2 右の図は，台形の形をした土地の $\frac{1}{300}$ の縮図を表したものです。　各10点【30点】

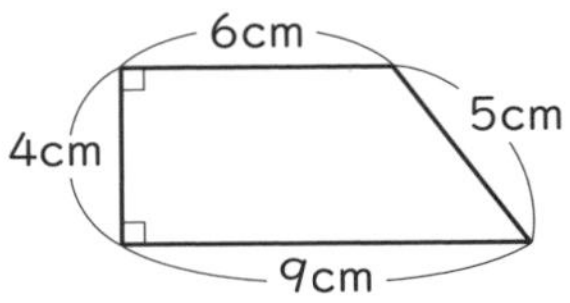

① この土地の実際のまわりの長さは何mですか。

(　　　　　)

② この土地の実際の面積は何m^2ですか。

(　　　　　)

③ この土地を $\frac{1}{400}$ の縮図に表すと，まわりの長さは何cmになりますか。

(　　　　　)

3 湖をはさんだA《エー》，B《ビー》2地点の間のきょりをはかるために，C《シー》地点からの長さと角度をはかりました。三角形ABCの $\frac{1}{500}$ の縮図をかいて，ABの長さを求めましょう。

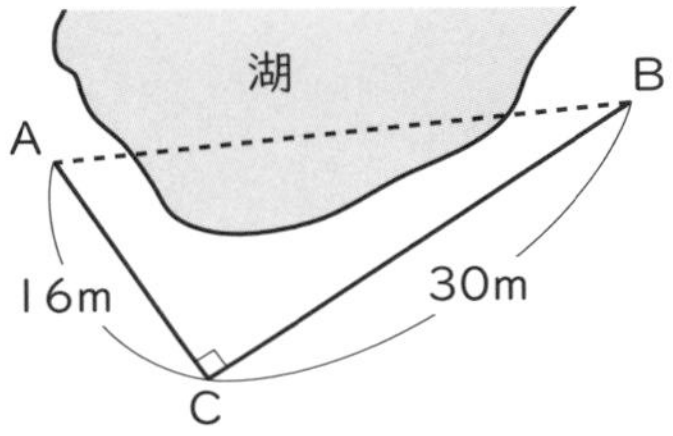

各10点【20点】

〈縮図〉

(　　　　　)

4 木の高さをはかるために，右の図のように見上げる角度をはかりました。目の高さは1.5 mです。三角形ABCの $\frac{1}{400}$ の縮図をかいて，木の高さを求めましょう。

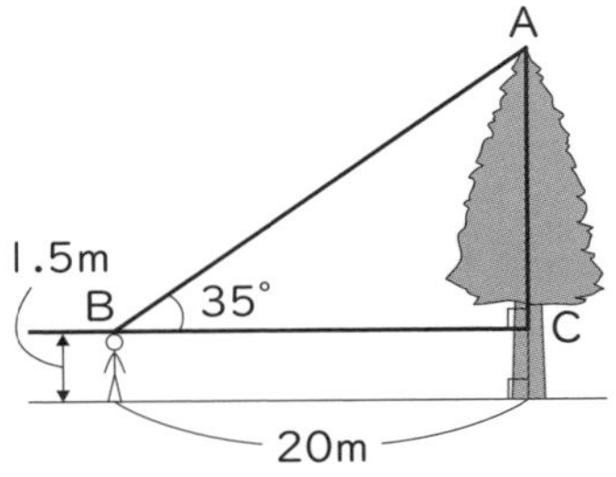

各10点【20点】

〈縮図〉

(　　　　　)

算数 19 確認《かくにん》テスト②

目標時間 20 分

学習した日　　月　　日

名前

得点

100点満点

答え ▶ 113ページ

1 6年1組は31人で，男子15人，女子16人です。男子と女子の人数の比と比の値《あたい》を求めましょう。　各6点【12点】

比(　　　　)　比の値(　　　　)

2 次の比を簡単《かんたん》にしましょう。　各5点【20点】

① 18：6　　(　　　　)

② 40：56　　(　　　　)

③ 0.9：1.2　　(　　　　)

④ $\frac{2}{3}:\frac{4}{9}$　　(　　　　)

3 x《エックス》の表す数を求めましょう。　各6点【24点】

① $5:9=x:27$　　(　　　　)

② $x:42=5:7$　　(　　　　)

③ $\frac{2}{3}:\frac{1}{4}=8:x$　　(　　　　)

④ $4.5:6=3:x$　　(　　　　)

4 1.2 kmの長さは $\frac{1}{50000}$ の地図の上では何cmで表されますか。　【6点】

(　　　　)

5 縦《たて》と横の長さの比が4：3の長方形をかきます。横の長さが18 cmのとき，縦の長さは何cmですか。　式5点，答え5点【10点】

(式)

答え ＿＿＿＿＿＿

6 60 kgのお米を大小2つのふくろに3：2の割合《わりあい》で分けて入れます。大のふくろには何kg入れますか。　式5点，答え5点【10点】

(式)

答え ＿＿＿＿＿＿

7 右の図の三角形ADE《エーディーイー》は，三角形ABC《ビーシー》の拡大図《かくだいず》です。　各6点【18点】

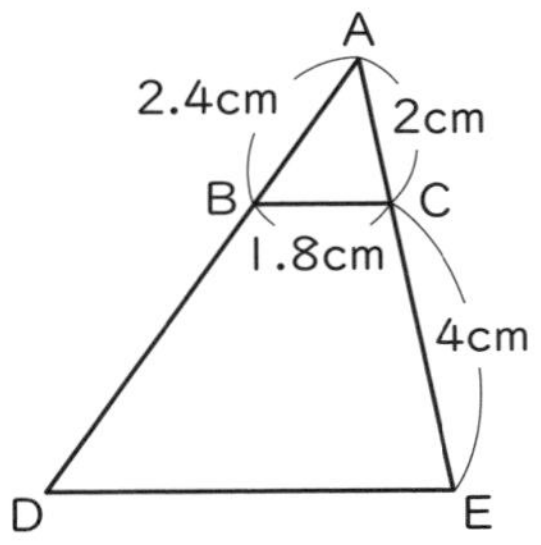

① 何倍の拡大図ですか。

(　　　　)

② 辺DEと直線BDの長さを求めましょう。

辺DE(　　　　)　直線BD(　　　　)

円の面積

目標時間 20 分

学習した日　月　日

名前

得点

100点満点

答え ▶ 113ページ

1 次の円の面積を求めましょう。　式6点，答え6点【48点】

①

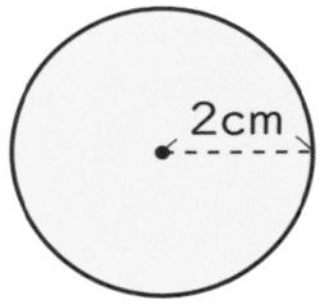

②

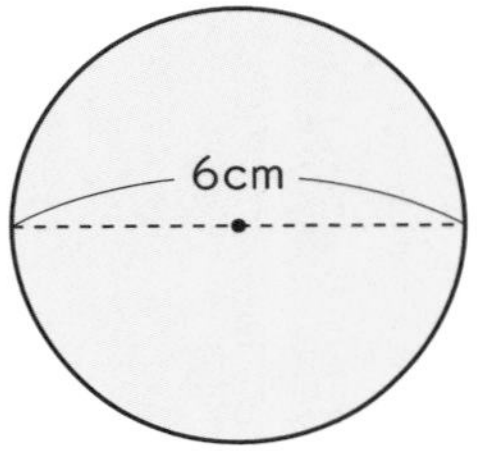

（式）

答え

（式）

答え

③　半径14 cmの円

（式）

答え

④　直径30 cmの円

（式）

答え

2 次の㋑の円の面積は，㋐の円の面積の何倍ですか。　【6点】

㋐

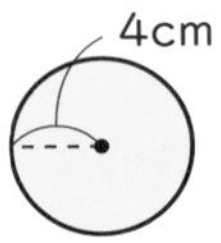

㋑

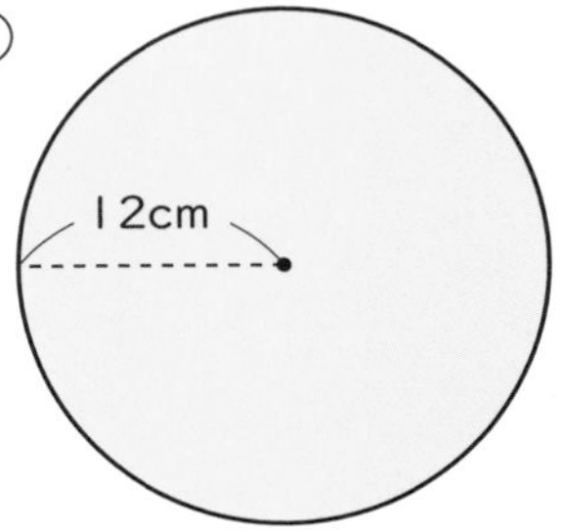

（　　　　　）

3 円周の長さが31.4 cmの円があります。この円の面積は，何cm^2ですか。　式5点，答え5点【10点】

（式）

答え

4 次の図形の面積を求めましょう。　式6点，答え6点【12点】

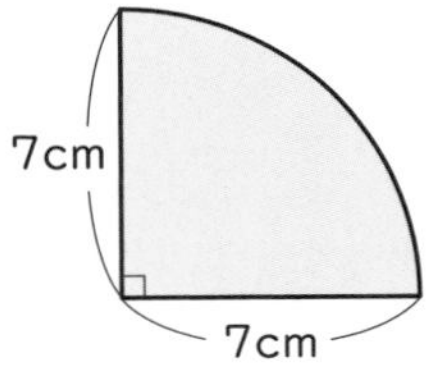

（式）

答え

5 右の図で，色がついた部分のまわりの長さと面積を求めましょう。　式6点，答え6点【24点】

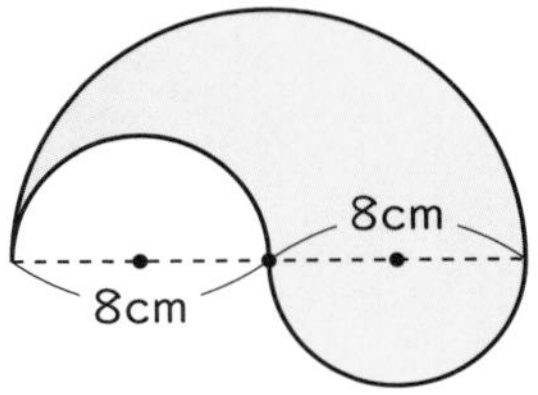

①　まわりの長さ

（式）

答え

②　面積

（式）

答え

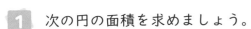

答え ▶ 114ページ

角柱と円柱の体積

1 次の角柱や円柱の体積を求めましょう。

式５点，答え５点【50点】

①
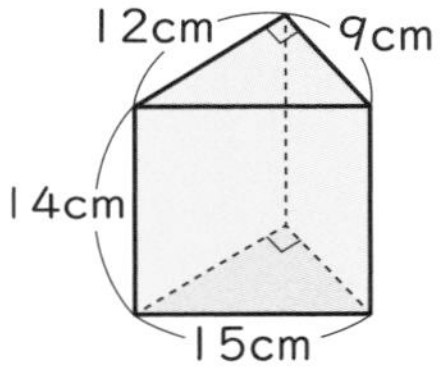

（式）

答え

②
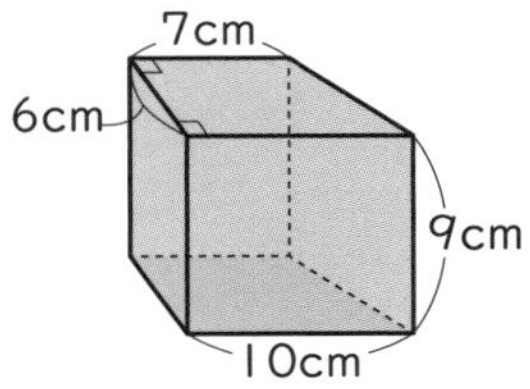

（式）

答え

③
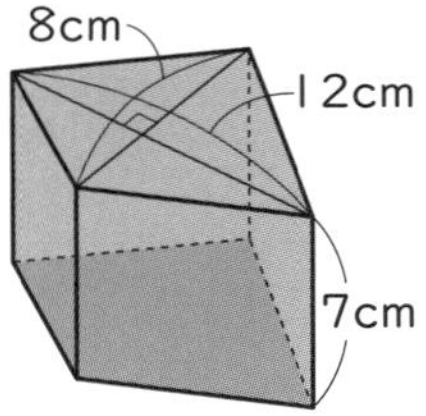

（式）

答え

④
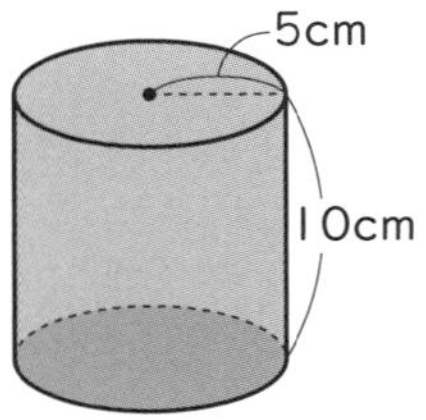

（式）

答え

⑤
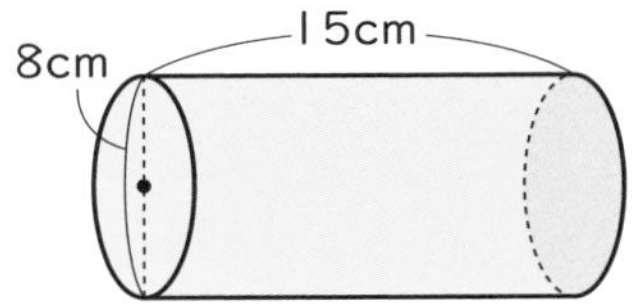

（式）

答え

2 次の立体の体積を求めましょう。

式５点，答え５点【20点】

①
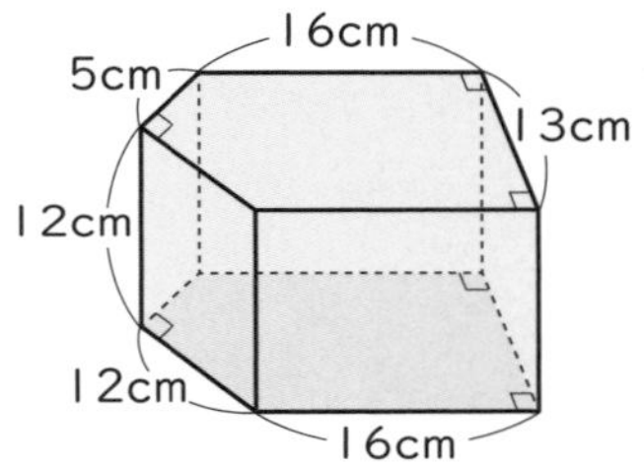

（式）

答え

②
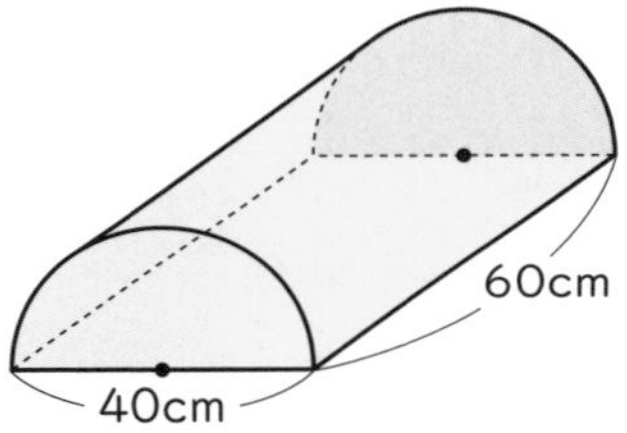

（式）

答え

3 次の展開《てんかい》図《ず》を組み立ててできる立体の体積を求めましょう。

式７点，答え８点【30点】

①
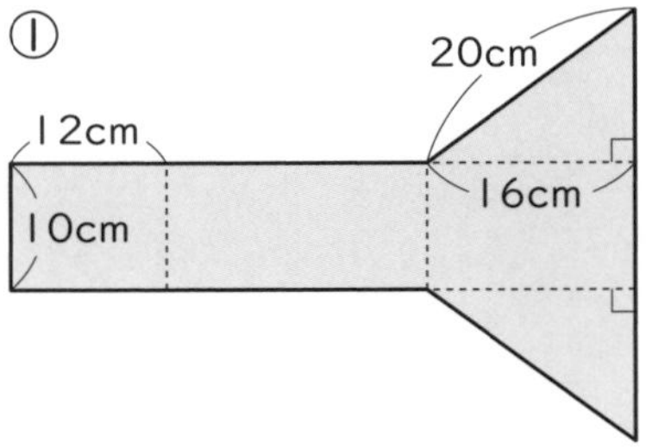

（式）

答え

②
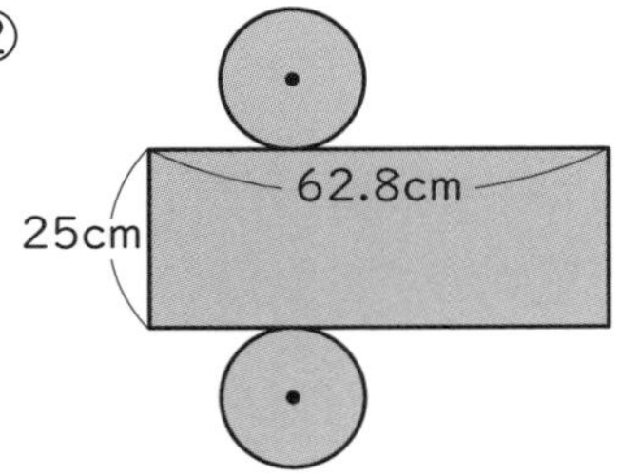

（式）

答え

およその大きさ

答え ▶ 114ページ

1 右の図１のような形をした池のおよその面積の求め方を考えます。

①10点
②式10点，答え10点【30点】

図１

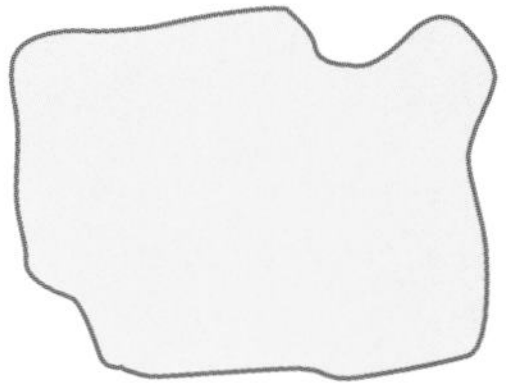

図２

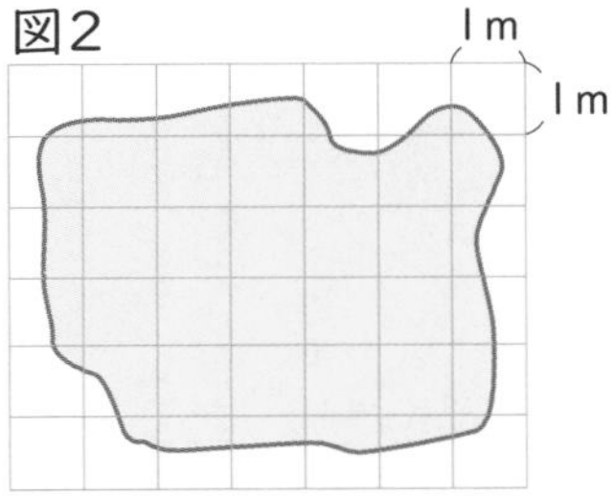

① 図２のように，方眼を使っておよその面積を求めます。池の内側にある方眼１個の面積を１ m^2，池のまわりの線にかかっている方眼１個の面積を，その半分の0.5 m^2 として，方眼の数を数えて，およその面積を求めましょう。

（　　　　　　　）

② 池の形を，図３のような長方形とみて，およその面積を求めましょう。

図３

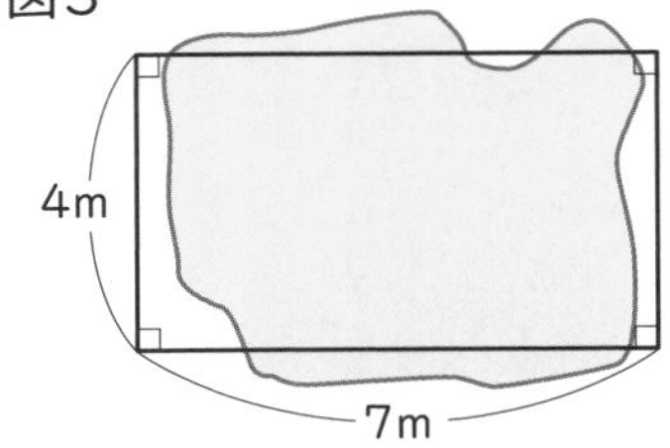

（式）

答え ＿＿＿＿＿＿

2 右の図のような形をした島を三角形とみて，およその面積を求めましょう。　式10点，答え10点【20点】

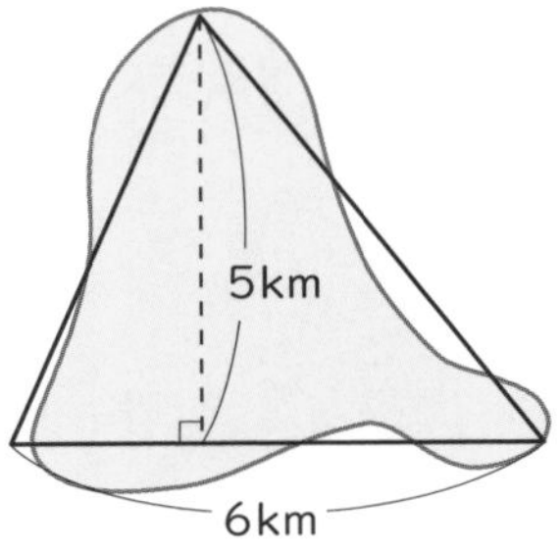

（式）

答え ＿＿＿＿＿＿

3 右の図１のような形をした畑のおよその面積を求めます。

①10点，②式10点，答え10点【30点】

図１

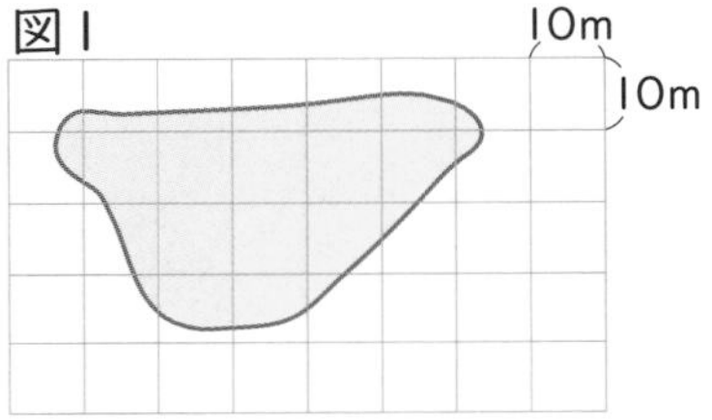

① **1** の①と同じように考えて，方眼の数を数えて，およその面積を求めましょう。

（　　　　　　　）

② 畑の形を，図２のような台形とみて，およその面積を求めましょう。

図２

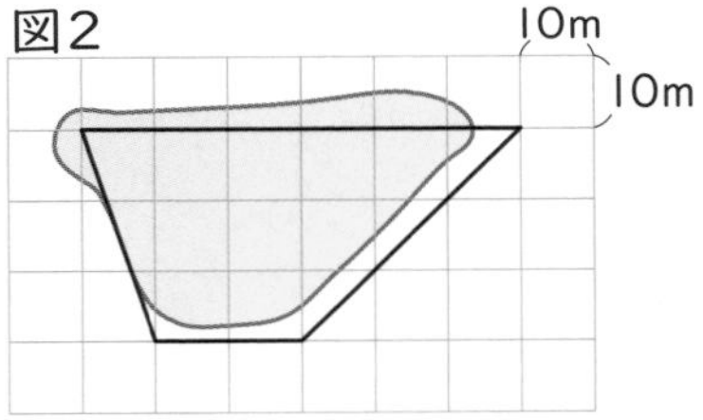

（式）

答え ＿＿＿＿＿＿

4 右の図のような形をしたなべがあります。このなべの容積はおよそ何Lですか。このなべを円柱とみて，答えは四捨五入《ししゃごにゅう》して上から２けたのがい数で求めましょう。

式10点，答え10点【20点】

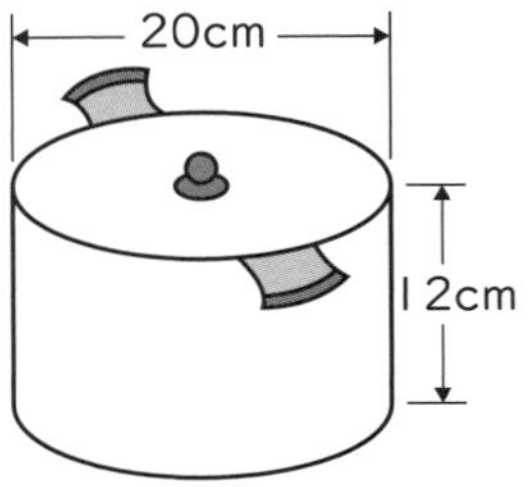

（式）

答え ＿＿＿＿＿＿

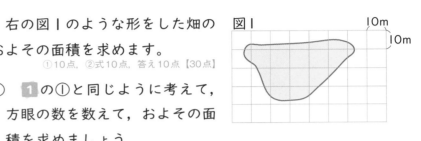

比　例

目標時間 20 分

学習した日　　月　　日

名前

得点

100点満点

答え ▶ 114ページ

1 太さが一定で，１mあたりの重さが８gの針金《はりがね》があります。この針金の長さ x《エックス》 mと重さ y《ワイ》 gの関係を調べます。　各８点【40点】

① xとyの関係を式に表します。（　）にあてはまる文字や数を書きましょう。　（全部できて８点）

（　　　　）＝（　　　　）×（　　　　）

② xとyの関係を下の表にまとめます。表のあいているところにあてはまる数を書きましょう。　（全部できて８点）

針金の長さと重さ

長さx(m)	1	2	3	4	5
重さy(g)					

③ yは，xに比例しますか。

（　　　　　　）

④ xとyの関係を，右のグラフに表しましょう。

⑤ xの値《あたい》が3.5のときのyの値を求めましょう。

（　　　　　　）

針金の長さと重さ

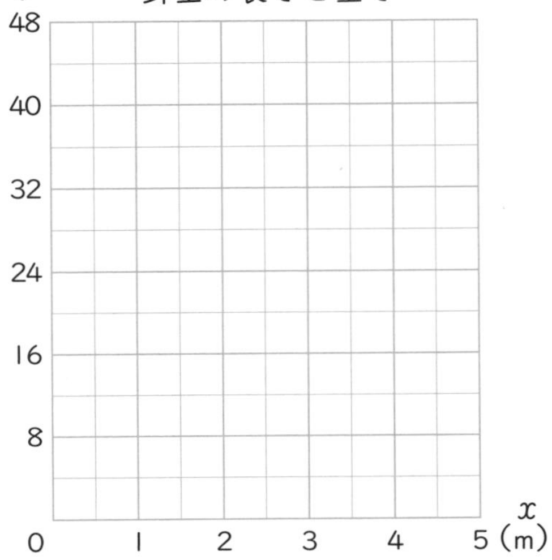

2 次のことがらのうち，yがxに比例するものには○を，比例しないものには×を書きましょう。　各６点【36点】

①（　　　）正方形の１辺の長さ$x$cmとまわりの長さ$y$cm

②（　　　）円の半径$x$cmとその面積$y$cm^2

③（　　　）ある人の年れいx才と身長$y$cm

④（　　　）時速45kmの自動車がx時間走った道のり$y$km

⑤（　　　）20cmのローソクの燃えた長さ$x$cmと残りの長さ$y$cm

⑥（　　　）水そうに毎分５Lずつ水を入れるとき，入れる時間x分と，たまる水の量yL

3 右のグラフは，底辺の長さが一定の三角形の，高さ$x$cmと面積$y$cm^{2}の関係を表したものです。　各８点【24点】

① 高さが４cmのときの面積は何cm^{2}ですか。

（　　　　　　）

② 面積を24cm^{2}にするには，高さを何cmにすればよいですか。（　　　　　　）

③ 高さが５cmのときの面積は何cm^{2}ですか。

（　　　　　　）

三角形の高さと面積

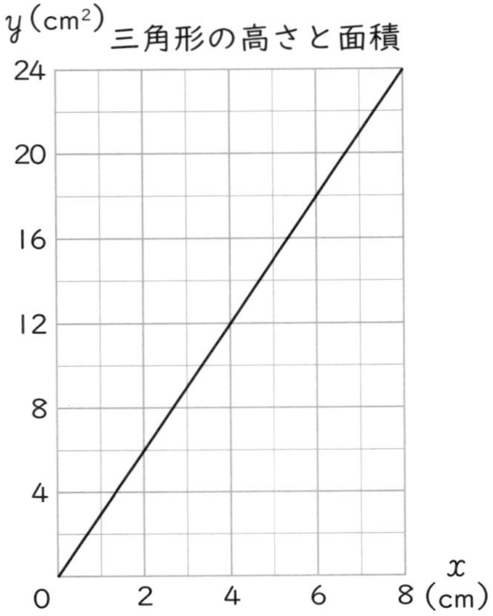

比例の利用

目標時間 20分　学習した日　月　日

名前

得点　100点満点

答え▶114ページ

1 下の表は，y《ワイ》が x《エックス》に比例する関係を表しています。これについて，次の問いに答えましょう。　各4点【20点】

x(cm)	9	18	27	㋑	45	㋓
y(g)	3	6	㋐	12	㋒	18

① xとyの関係を式に表しましょう。

(　　　　　　　　)

② 表の㋐～㋓にあてはまる数を求めましょう。

㋐ (　　　　)　㋑ (　　　　)

㋒ (　　　　)　㋓ (　　　　)

2 同じ種類のクリップ20個の重さをはかったら，8gありました。　式8点，答え8点【32点】

① このクリップ100個の重さは何gですか。

(式)

答え＿＿＿＿＿＿

② このクリップが何個かあります。全体の重さをはかったら，200gありました。クリップは何個ありますか。

(式)

答え＿＿＿＿＿＿

3 12Lのガソリンで200km走る自動車があります。　式8点，答え8点【32点】

① この自動車は15Lのガソリンで何km走りますか。

(式)

答え＿＿＿＿＿＿

② この自動車は150km走るのにガソリンを何L使いますか。

(式)

答え＿＿＿＿＿＿

4 右の図のような形をした鉄板あの重さをはかったら，2.28kgありました。

これと同じ鉄板でつくった長方形いの重さは0.6kgでした。鉄板あの面積は何cm^2ありますか。　式8点，答え8点【16点】

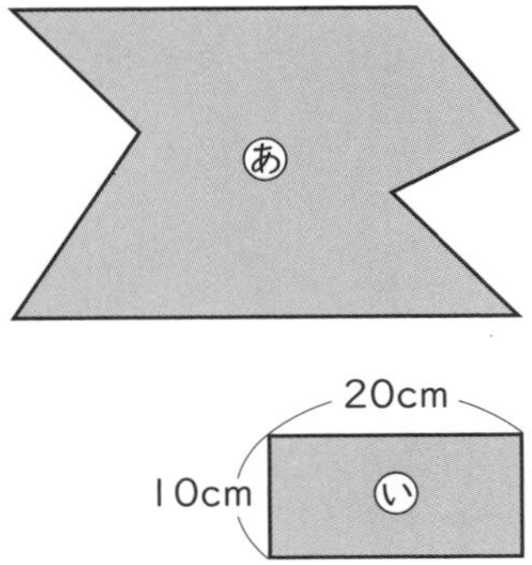

(式)

答え＿＿＿＿＿＿

反比例

目標時間 20 分　学習した日　月　日

名前

得点　100点満点

答え ▶ 115ページ

1 18 kmはなれたところへ行くときの，時速を x《エックス》 km，かかる時間を y《ワイ》時間として，x と y の関係を調べます。　各10点【50点】

① x と y の関係を式に表します。（　）にあてはまる文字や数を書きましょう。　（全部できて10点）

（　　　）=（　　　）÷（　　　）

② x と y の関係を下の表にまとめます。表のあいているところにあてはまる数を書きましょう。　（全部できて10点）

時速と時間

時速 x(km)	1	2	3	6	9	18
時間 y(時間)						

③ y は x に比例しますか，反比例しますか。

（　　　　）

④ x の値《あたい》が5のときの y の値を求めましょう。

（　　　　）

⑤ y の値が4.5のときの x の値を求めましょう。

（　　　　）

2 次のことがらのうち，2つの量が比例するものには○を，反比例するものには△を，どちらでもないものには×を書きましょう。　各5点【30点】

①（　　）円の半径 x cmとまわりの長さ y cm

②（　　）10 mのなわのうち，使った長さ x mと残りの長さ y m

③（　　）12 dLのジュースを等分するとき，人数 x 人と1人分のジュースの量 y dL

④（　　）50円切手を買うときの，買う枚数《まいすう》 x 枚と代金 y 円

⑤（　　）まわりの長さが30 cmの長方形の縦《たて》の長さ x cmと横の長さ y cm

⑥（　　）60 L入る水そうに水を入れるとき，1分間に入れる水の量 x Lといっぱいになるまでにかかる時間 y 分

3 下の表は，面積が決まっている長方形の縦の長さ x cmと横の長さ y cmの関係を表したものです。　各4点【20点】

長方形の縦の長さと横の長さ

縦 x(cm)	2	3	4	5	6	15
横 y(cm)				12		4

① x と y の関係を，y を求める式で表しましょう。

（　　　　　　）

② 表のあいているところにあてはまる数を書きましょう。

確認《かくにん》テスト③

目標時間 20 分

学習した日　月　日

名前

得点

100点 満点

答え ▶ 115ページ

1 直径16 cmの円があります。この円の円周の長さと面積を求めましょう。　式5点，答え5点【20点】

① 円周の長さ

（式）

答え

② 面積

（式）

答え

2 次の角柱と円柱の体積を求めましょう。　式5点，答え5点【20点】

①

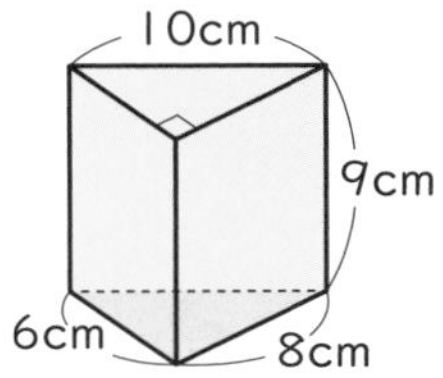

（式）

答え

②

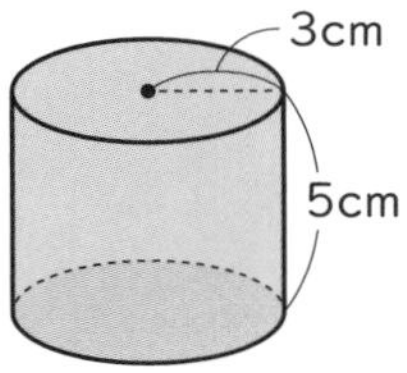

（式）

答え

3 右の図のような形をした池を平行四辺形とみて，およその面積を求めましょう。　式5点，答え5点【10点】

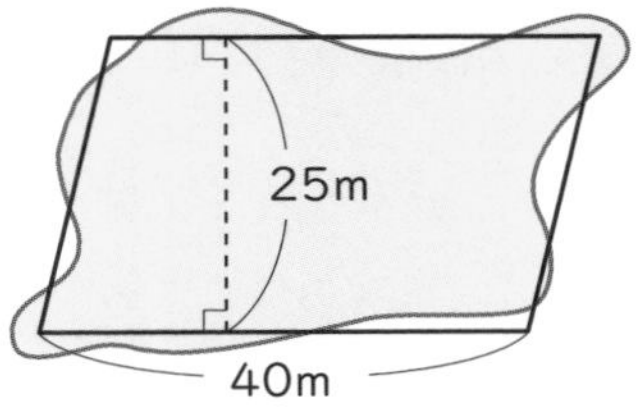

（式）

答え

4 右の表は，y《ワイ》がx《エックス》に比例する関係を表しています。　各5点【15点】

x（m）	4	6	8	㋐
y（kg）	60	90	㋑	150

① ㋐，㋑にあてはまる数を求めましょう。

㋐（　　　）㋑（　　　）

② xとyの関係を，yを求める式で表しましょう。

y=（　　　）

5 下の表は，yがxに反比例する関係を表しています。あいているところにあてはまる数を書きましょう。　各5点【15点】

x（L）	1	2	3	4	6
y（分）		18		9	

6 同じかんづめ6個の重さをはかったら750 gありました。　式5点，答え5点【20点】

① このかんづめ15個の重さは何gですか。

（式）

答え

② このかんづめ2.25 kgでは，かんづめは何個ありますか。

（式）

答え

資料の整理①

目標時間 20 分

学習した日　　月　　日

名前

得点

100点満点

答え ▶ 115ページ

1　下のドットプロットは，20人の児童が１か月間に図書室から借りた本の冊数《さっすう》を表したものです。これについて，次の問いに答えましょう。　各10点【50点】

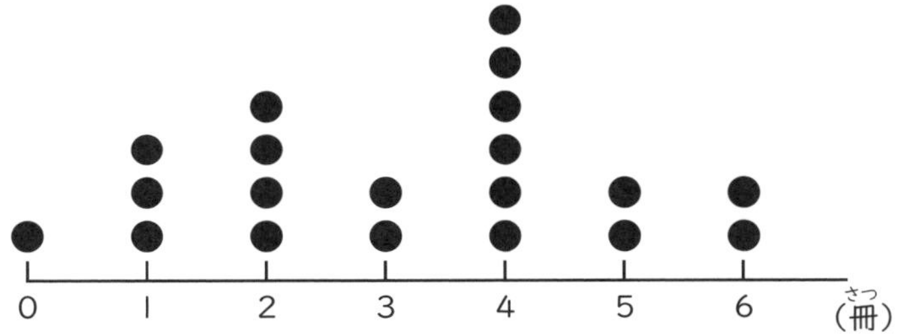

①　平均値《へいきんち》を求めましょう。

(　　　　　)

②　最頻値《さいひんち》を求めましょう。

(　　　　　)

③　中央値を求めましょう。

(　　　　　)

④　１か月に４冊以上借りた児童は何人いますか。また，その人数の割合《わりあい》は，全体の何％ですか。

人数(　　　　　)
割合(　　　　　)

2　次の表は，６年１組の女子の反復横跳《と》びの回数を表したものです。これについて，次の問いに答えましょう。　各10点【50点】

６年１組の女子の反復横跳びの回数（回）

35	41	49	39	48	41	46	38	50	42
46	40	42	47	46	35	43	44	42	46
43	38	41	38	50					

①　ドットプロットに表しましょう。

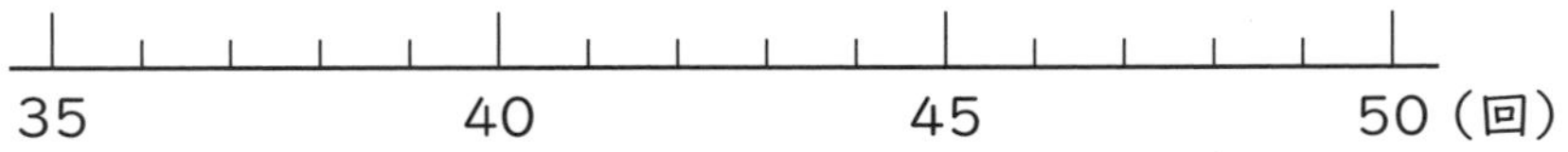

②　平均値，最頻値，中央値を求めましょう。

平均値(　　　　　)
最頻値(　　　　　)
中央値(　　　　　)

③　45回以上の人は，全体の何％ですか。

(　　　　　)

資料の整理②

目標時間 20 分

学習した日　　月　　日

名前

得点

100点満点

答え ▶ 115ページ

1 6年1組の男子の体重は，右の通りです。これについて，次の問いに答えましょう。（単位kg）

各10点【50点】

35.1	27.3	43.2	37.8
30.0	44.9	25.2	34.6
44.1	32.8	38.2	36.0
38.8	47.8	33.5	39.0
34.2	40.0	37.3	33.8

① 右の度数分布表に整理しましょう。

（全部できて10点）

6年1組の男子の体重

体　重(kg)	人数(人)
25以上～30未満	
30　～35	
35　～40	
40　～45	
45　～50	
合　計	

② 整理した表を右下にヒストグラムで表しましょう。

6年1組の男子の体重

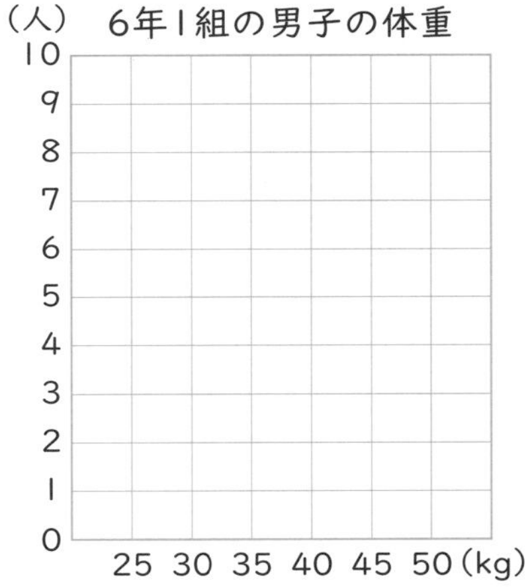

③ いちばん度数が多いのは，どの階級ですか。

（　　　　　　）

④ 体重が40kg以上の人は何人いますか。また，その人数の割合《わりあい》は全体の何%ですか。

人数(　　　　　　)

割合(　　　　　　)

2 右のヒストグラムは，6年2組の計算テストの成績を表したものです。これについて，次の問いに答えましょう。

各10点【50点】

6年2組の計算テストの成績

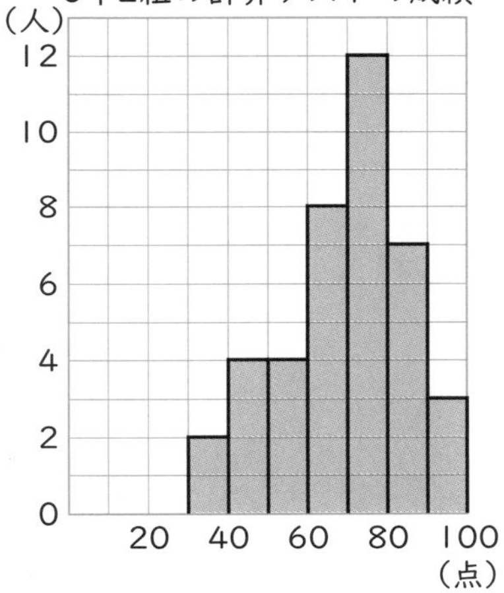

① 階級の幅《はば》は何点ですか。

（　　　　　　）

② 6年2組の児童は何人ですか。

（　　　　　　）

③ 50点以上70点未満の人は何人いますか。

（　　　　　　）

④ 64点の人は，点数の高いほうから数えて何番めから何番めの間ですか。

（　　　　　　）

⑤ 点数の高いほうから13番めの人はどの階級に入りますか。

（　　　　　　）

算数 29

いろいろなグラフ

目標時間 20 分

学習した日　月　日

名前

得点

100点満点

答え ▶ 115ページ

1 右の［1］のグラフは，ある町の現在の人口の割《わり》合《あい》を表したものです。

各10点【50点】

［1］ある町の人口の割合（現在）

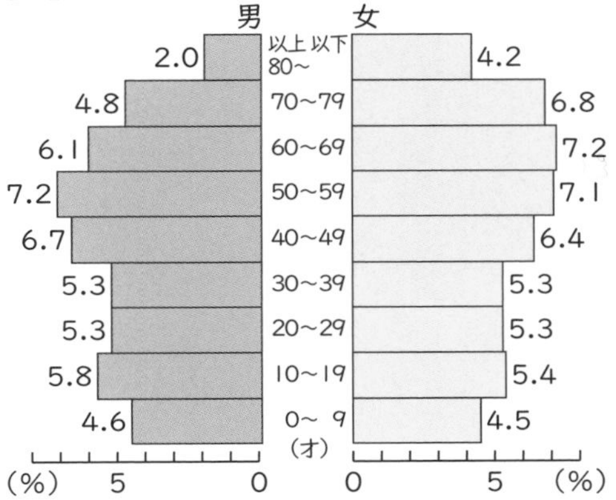

① 人口がいちばん多いのは何才以上何才以下ですか。

（　　　　　）

② 女のほうが人口が多くなるのは何才以上ですか。（　　　　　）

③ 人口が多いのは，男と女のどちらですか。（　　　　　）

④ 右の［2］のグラフは，この町の15年前の人口の割合です。次の㋐，㋑の現在の割合は，15年前の割合と比べて，増えていますか，減っていますか。

［2］ある町の人口の割合（15年前）

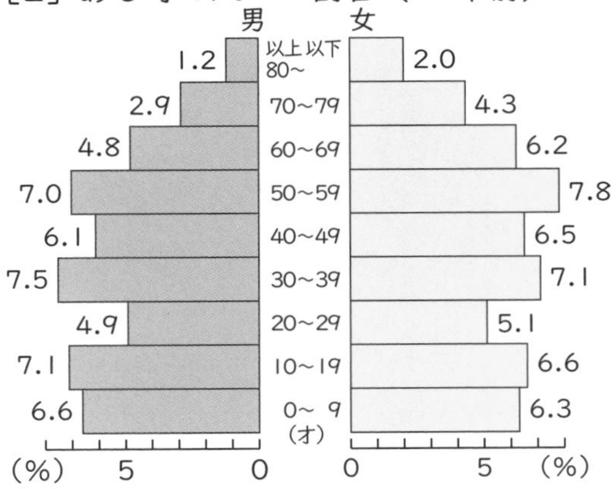

㋐ 70才以上の割合

（　　　　　）

㋑ 19才以下の割合（　　　　　）

はってん

2 右のグラフは，A《エー》町とB《ビー》町の間のバスの運行を表したものです。

各10点【30点】

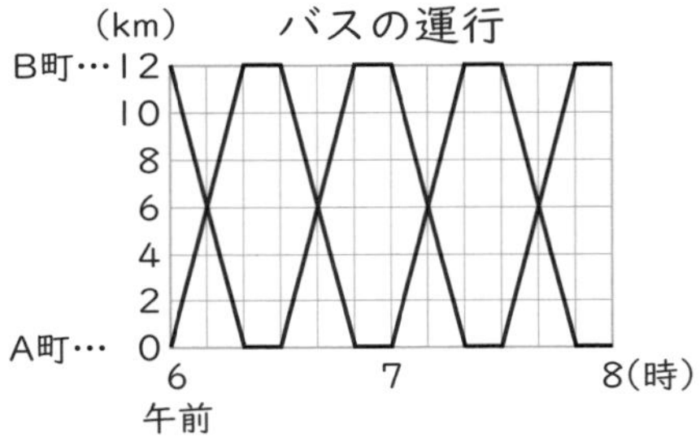

① A町を午前6時に発車したバスがB町に着く時《じ》刻《こく》を求めましょう。

（　　　　　）

② A町発とB町発のバスは，1時間に何回すれちがいますか。

（　　　　　）

③ このバスの時速を求めましょう。

（　　　　　）

はってん

3 右のグラフは，ある運送会社の荷物の運送料金を表したもので，○は，この点がその直線にふくまれないことを表しています。

4kg，10kgの運送料金は，それぞれ何円ですか。

各10点【20点】

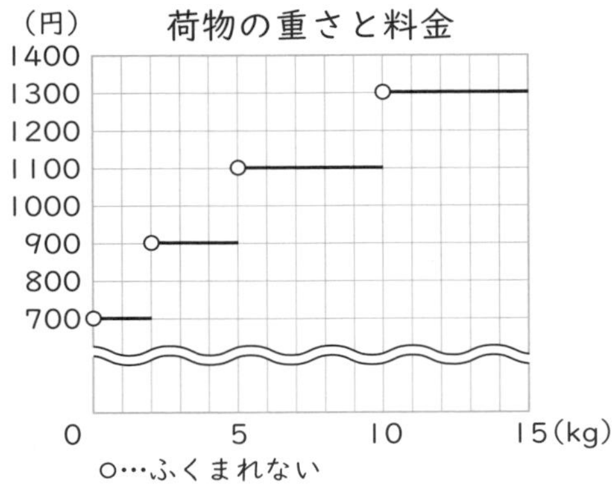

4kg（　　　　　）　10kg（　　　　　）

並《なら》べ方

目標時間 20 分

学習した日　月　日

名前

得点

100点満点

答え ▶ 116ページ

1 3，4，5の3枚《まい》の数字カードを並《なら》べて3けたの整数をつくります。　各10点【20点】

① 百の位を3とするとき，何通りの整数ができますか。右の図の□にあてはまる数を書いて求めましょう。（全部できて10点）

（　　　　）

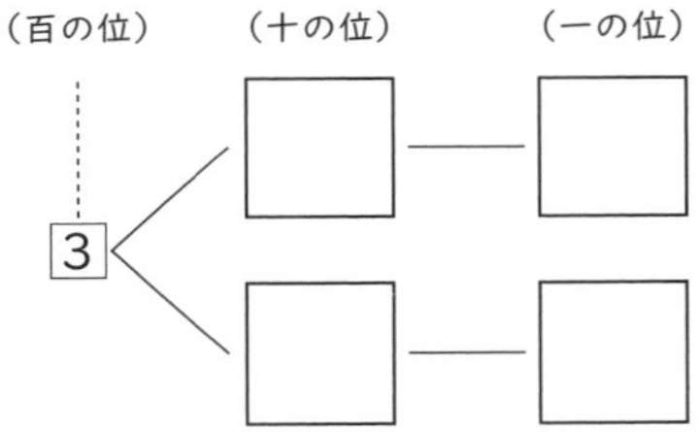

② 百の位が4，5のときも同じように考えると，全部で何通りの整数ができますか。

（　　　　）

2 3，4，5，6の4枚の数字カードのうち2枚を選んで2けたの整数をつくります。　各10点【20点】

① 十の位を3とするとき，何通りの整数ができますか。右の図の□にあてはまる数を書いて求めましょう。（全部できて10点）

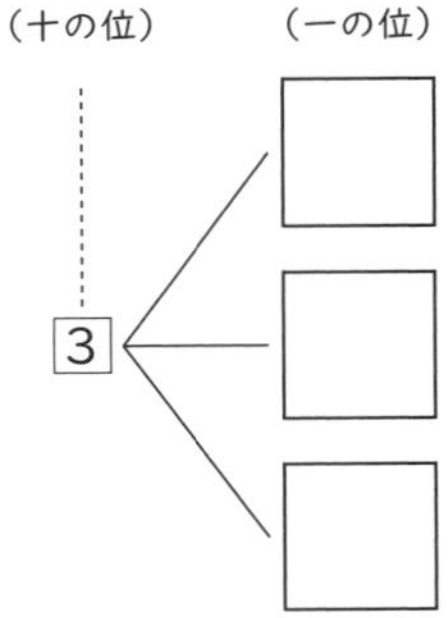

（　　　　）

② 十の位が4，5，6のときも同じように考えると，全部で何通りの整数ができますか。

（　　　　）

3 1，2の数字カードが3枚ずつあります。これを並べて3けたの整数をつくります。　各10点【20点】

① 百の位を1とするとき，何通りの整数ができますか。右の図の□にあてはまる数を書いて求めましょう。（全部できて10点）

（　　　　）

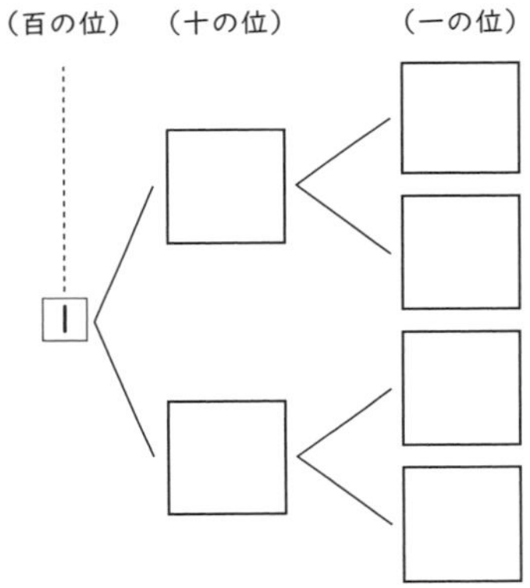

② 全部で何通りの整数ができますか。

（　　　　）

4 右の図のように，旗をA《エー》，B《ビー》，C《シー》，D《ディー》の4つの部分に分け，赤，青，黄，緑の4色でぬり分けます。　各10点【20点】

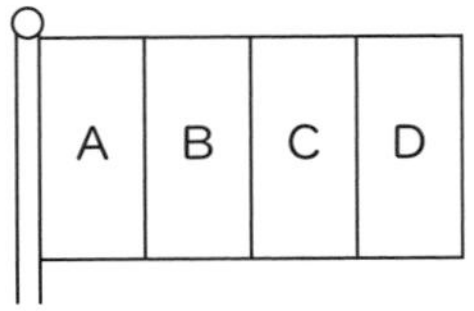

① Aを赤にしたときのぬり方は何通りありますか。

（　　　　）

② 全部で何通りのぬり方がありますか。

（　　　　）

5 0，1，3，5の4枚の数字カードを並べてできる4けたの整数は，全部で何通りできますか。　【20点】

（　　　　）

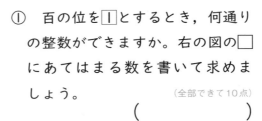

組み合わせ方

答え▶116ページ

1 A《エー》，B《ビー》，C《シー》，D《ディー》の4チームがサッカーの試合をします。どのチームも，ちがったチームと1回ずつ試合をします。　各10点【30点】

① 右の表のあいているところに，A・B，A・Cなどのように試合の組み合わせを書きましょう。（全部できて10点）

	A	B	C	D
A		A・B	A・C	A・D
B	B・A			
C	C・A			
D	D・A			

② 同じ組み合わせになるものの一方を＼で消しましょう。　（全部できて10点）

③ 試合は全部で何試合ありますか。

（　　　　）

2 赤，黄，青，緑，黒の5種類の色紙があります。　各10点【20点】

① このうち，2種類ずつ組にします。全部で何通りの組み合わせがありますか。下の図を見て求めましょう。

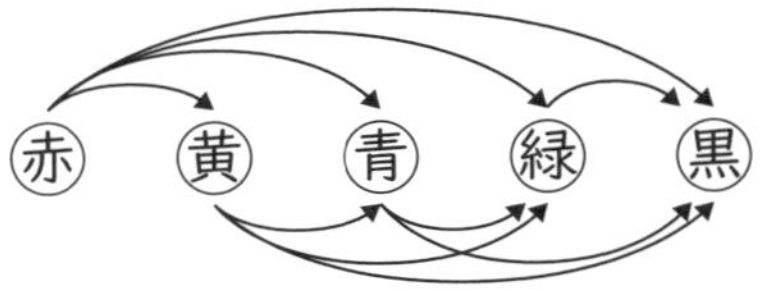

（　　　　）

② このうち，4種類ずつ組にします。全部で何通りの組み合わせがありますか。

（　　　　）

3 1円玉，5円玉，10円玉，100円玉が1枚《まい》ずつあります。このうち，2枚を組み合わせてできる金額を全部書きましょう。　【10点】

（　　　　　　　　　　　　）

4 6年生のA，B，C，D，E《イー》，F《エフ》の6チームがドッジボールの試合をします。どのチームも，ちがったチームと1回ずつ試合をすると，全部で何試合ありますか。　【10点】

（　　　　）

5 A，B，C，D，Eの5個のケーキがあります。このうち，3個を選びます。　各10点【30点】

① 1個はAを選ぶとすると，何通りの選び方がありますか。

（　　　　）

② Aは選ばないとすると，何通りの選び方がありますか。

（　　　　）

③ 全部で何通りの選び方がありますか。

（　　　　）

算数 32

割合《わりあい》を使って

目標時間 20 分

学習した日　　月　　日

名前

得点

100点 満点

答え ▶ 116ページ

1 水そうに入っている水をすべてくみ上げるのに，A《エー》のポンプだけでは20分，B《ビー》のポンプだけでは30分かかります。

①各6点，②③式6点，答え6点【36点】

① 水そうの水の量を１とみたとき，A，Bそれぞれのポンプが１分間にくみ上げる水の量は，どれだけになりますか。

A（　　　　　）　B（　　　　　）

② 水そうの水の量を１とみたとき，A，B両方のポンプを同時に使って１分間にくみ上げる水の量は，どれだけになりますか。

（式）

答え ＿＿＿＿＿＿

③ A，B両方のポンプを同時に使って水をくみ上げると，水そうの水をすべてくみ上げるのに何分かかりますか。

（式）

答え ＿＿＿＿＿＿

2 まさるさんが家から駅まで行くのに，歩けば15分，走れば6分かかります。家から駅まで行くのに，はじめの10分間は歩いて，そのあと走ると，何分走りますか。

式8点，答え8点【16点】

（式）

答え ＿＿＿＿＿＿

3 びんに，ジュースが240 mL入っています。そのうちの$\frac{5}{8}$を飲みました。

式6点，答え6点【24点】

① 残ったジュースの量は，はじめのジュースの量のどれだけにあたりますか。

（式）

答え ＿＿＿＿＿＿

② 残ったジュースの量は何mLですか。

（式）

答え ＿＿＿＿＿＿

4 みずほさんの学校の図書室の本は，全部で3200冊《さつ》あります。そのうち，$\frac{3}{8}$が文学の本で，文学の本のうち，$\frac{3}{5}$が日本の文学の本です。

式6点，答え6点【24点】

① 日本の文学の本の冊数《さっすう》は，図書室の本全体の冊数のどれだけにあたりますか。

（式）

答え ＿＿＿＿＿＿

② 日本の文学の本は何冊ありますか。

（式）

答え ＿＿＿＿＿＿

変わり方のきまりを見つけて①

目標時間 20 分

学習した日　　月　　日

名前

得点

100点満点

答え▶116ページ

1 公園から駅まで980 mあります。たかしさんは公園から駅に向かって分速60 mで，みすずさんは駅から公園に向かって分速80 mで，同時に出発しました。①各2点，②8点，③④式7点，答え7点【48点】

① 時間が1分，2分，…とたつにつれて，2人あわせた道のりがどう変わるか調べます。下の表の㋐～㋕にあてはまる数を書きましょう。

歩いた時間（分）	0	1	2	3
たかしさんの進んだ道のり（m）	0	60	㋐	㋑
みすずさんの進んだ道のり（m）	0	80	㋒	㋓
2人あわせた道のり（m）	0	140	㋔	㋕

② 2人あわせた道のりは，1分，2分，…とたつにつれて，何mずつ増えていきますか。

（　　　　　　）

③ 2人が出会うのは，出発してから何分後ですか。

（式）

答え

④ たかしさんが分速160 mで走り，みすずさんが分速85 mで歩いたとしたら，出発してから何分後に出会いますか。

（式）

答え

2 弟が家を出発してから15分たったとき，兄が自転車で弟を追いかけました。弟の速さは分速60 m，兄の速さは分速210 mです。①各2点，②8点，③④式7点，答え7点【52点】

① 時間が1分，2分，…とたつにつれて，2人の間の道のりがどう変わるか調べます。下の表の㋐～㋗にあてはまる数を書きましょう。

兄が追いかけた時間（分）	0	1	2	3
弟の進んだ道のり（m）	900	㋐	㋑	㋒
兄の進んだ道のり（m）	0	210	㋓	㋔
2人の間の道のり（m）	900	㋕	㋖	㋗

② 2人の間の道のりは，1分，2分，…とたつにつれて，何mずつ縮《ちぢ》まりますか。

（　　　　　　）

③ 兄が弟に追いつくのは，兄が出発してから何分後ですか。

（式）

答え

④ 兄が弟を追いかけはじめたのが，弟が出発してから25分後だとすると，兄が出発してから何分後に弟に追いつきますか。

（式）

答え

変わり方のきまりを見つけて②

1 1個50円のアメと1個80円のチョコをあわせて25個買って，1580円はらいました。　①各4点，②③8点【36点】

① 50円のアメの個数を0，1，2，…と増やすと，代金がどのように変わるか調べます。下の表の㋐～㋔にあてはまる数を書きましょう。

50円のアメ（個）	0	1	2	3
80円のチョコ（個）	25	24	㋐	㋑
代金　（円）	2000	㋒	㋓	㋔

② 50円のアメが1個ずつ増えると，代金は何円ずつ減りますか。　（　　　　）

③ 50円のアメと80円のチョコを，それぞれ何個買いましたか。

（50円のアメ　　　　，80円のチョコ　　　　）

2 50円玉と100円玉があわせて14枚あり，合計の金額が950円です。50円玉と100円玉は，それぞれ何枚ありますか。　【12点】

（50円玉　　　　，100円玉　　　　）

3 1個90円のりんごと1個50円のみかんを，あわせて20個買いました。りんごの代金のほうが，みかんの代金よりも1100円多かったそうです。　①各4点，②③8点【40点】

① りんごとみかんを10個ずつ買ったとして，りんごの数を1個ずつ増やしていくと，代金の差がどのようになるか調べます。下の表の㋐～㋕にあてはまる数を書きましょう。

りんご　（個）	10	11	12	13
みかん　（個）	10	㋐	㋑	㋒
代金の差（円）	400	㋓	㋔	㋕

② りんごが1個ずつ増えると，代金の差は何円ずつ増えますか。　（　　　　）

③ りんごとみかんを，それぞれ何個買いましたか。

（りんご　　　　，みかん　　　　）

4 1本80円の筆と1本40円のえん筆を，あわせて40本買いました。代金は，筆のほうがえん筆より80円多かったそうです。筆とえん筆を，それぞれ何本買いましたか。　【12点】

（筆　　　　，えん筆　　　　）

なかまに分けて

1 あるクラスで，えん筆と消しゴムを配ります。ほしい人に手をあげてもらったら，えん筆の人が25人，消しゴムの人が32人で，そのうち両方に手をあげた人は17人でした。下のように配ることにすると，えん筆は何本，消しゴムは何個用意すればよいですか。

・えん筆だけに手をあげた人……えん筆2本　　各10点【20点】
・消しゴムだけに手をあげた人…消しゴム2個
・両方に手を上げた人……………えん筆1本，消しゴム1個

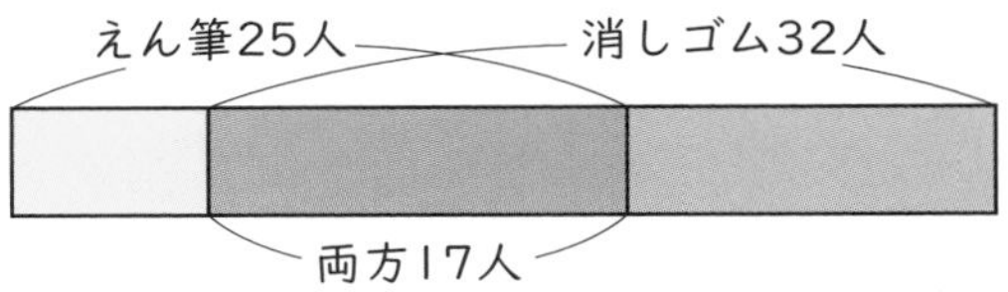

えん筆(　　　　　)

消しゴム(　　　　　)

2 子ども会で，水泳と野球の応えんに行きます。参加を申しこんだ人は全部で45人で，そのうち水泳は38人，野球は42人でした。両方に行く人には500円，一方だけに行く人には300円を，子ども会から出すことにします。子ども会は全部で何円出すことになりますか。　【30点】

(　　　　　)

3 6年1組の36人に，犬とねこが好きかきらいか調べたら，結果は次のようでした。

・犬が好きな人は26人　　・ねこが好きな人は18人
・どちらも好きな人は12人

どちらもきらいな人は何人ですか。　【25点】

(　　　　　)

4 6年2組で，2つの問題のテストがありました。第1問ができた人は29人，第2問ができた人は26人，両方できた人は15人で，2問ともできなかった人はいませんでした。第1問は20点，第2問は30点です。平均点は何点でしたか。　【25点】

(　　　　　)

確認《かくにん》テスト④

目標時間 20分　学習した日　月　日

名前

得点　100点満点

答え ▶ 117ページ

1 下の左の表は，6年2組の児童の体重を調べてまとめたものです。

各8点【40点】

6年2組の児童の体重

体重(kg)	人数(人)
25以上～30未満	1
30　～35	7
35　～40	9
40　～45	10
45　～50	㋐
50　～55	5
55　～60	2
合　計	40

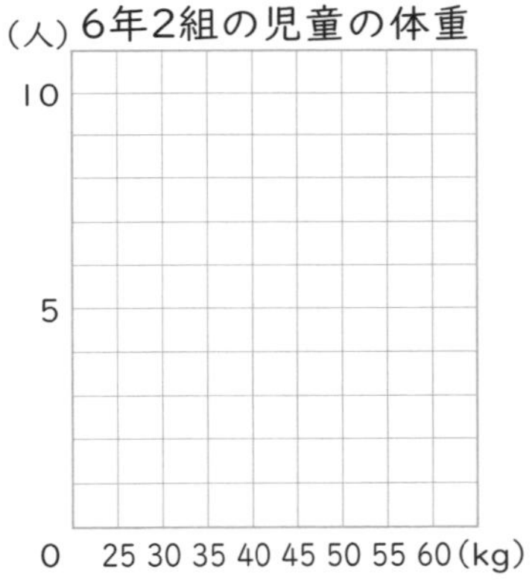

① 表の㋐の数を求めましょう。　(　　　　)

② 階級の幅《はば》は何kgですか。　(　　　　)

③ この表を，右上にヒストグラムで表しましょう。

④ けんさんは体重の軽いほうから数えて10番めです。どの階級に入りますか。　(　　　　)

⑤ 体重が50kg以上の人は，全体の何%ですか。　(　　　　)

2 1，2，3，4の4枚《まい》のカードを並《なら》べて4けたの整数をつくります。3000より大きい数は何個できますか。

【16点】

(　　　　)

3 あきらさんの班《はん》は，男子3人，女子2人です。この班から給食当番を2人選ぶことにしました。

各14点【28点】

① 男子と女子が1人ずつ当番になるとすると，何通りの選び方がありますか。　(　　　　)

② 男子，女子に関係なく選ぶとすると，何通りの選び方がありますか。　(　　　　)

4 水そうに水をいっぱいに入れるのに，A《エー》管では24分，B《ビー》管では40分かかります。はじめA管で18分間入れ，そのあとB管でいっぱいになるまで入れました。B管を使ったのは何分ですか。

【16点】

(　　　　)

英語 1

自《じ》己《こ》紹介《しょうかい》をしよう！

目標時間 20 分

学習した日　　月　　日

名前

得点

100点満点

答え ▶ 118ページ

リスニング

1 音声を聞いて，声に出して読みましょう。そのあとに，次の英文を声に出して読みながら，なぞりましょう。　各９点【54点】

① こんにちは。

Hello.

② ぼくはマイクです。

I’m Mike.

③ ぼくはオーストラリア出身です。

I’m from Australia.

④ ぼくは泳ぐことができます。

I can swim.

⑤ ぼくはバレーボールが得意です。

I’m good at volleyball.

⑥ ぼくの誕生《たんじょう》日《び》は５月１日です。

My birthday is May 1st.

2 次の英文を読んで，絵の人物の誕生日として正しいものを，下のア～エから選び，記号で答えましょう。　各８点【16点】

①

My birthday is June 22nd.

(　　　　)

②

My birthday is November 21st.

(　　　　)

ア

イ

ウ

エ

リスニング

3 音声を聞いて，それぞれの人物とその人物が得意なものやできることを，線で結びましょう。　各10点【30点】

① ジョン　●　　　　●

② サキ　●　　　　●

③ ユウタ　●　　　　●

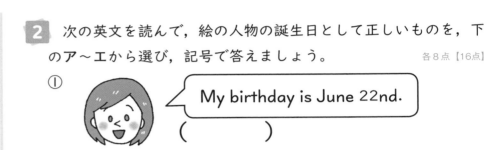

英語 2

自分の生活を紹介《しょうかい》しよう！

目標時間 20 分

学習した日　月　日

名前

得点

100点満点

答え ▶ 118ページ

リスニング

1 音声を聞いて，声に出して読みましょう。そのあとに，次の英文を声に出して読みながら，なぞりましょう。　各9点【54点】

① わたしは大阪に住んでいます。

I live in Osaka.

② わたしは北小学校に通っています。

I go to Kita Elementary School.

③ ぼくは６時に起きます。

I get up at 6:00.

④ わたしはふつう，８時にふろに入ります。

I usually take a bath at 8:00.

⑤ あなたは何時にねますか。

What time do you go to bed?

⑥ （⑤に答えて）わたしは10時にねます。

I go to bed at 10:00.

2 次のスケジュール帳を見て，（　　）に入る時刻《じこく》を，ア～エから選び，記号で答えましょう。　各7点【28点】

午前		午後	
6:30	起床《きしょう》	3:00	帰宅《きたく》
7:00	朝食	4:00	宿題
8:00	登校	8:00	夕食
		9:00	ねる

ア 3:00　イ 6:30
ウ 7:00　エ 9:00

① I get up at (　　　).

② I eat breakfast at (　　　).

③ I go home at (　　　).

④ I go to bed at (　　　).

リスニング

3 音声を聞いて，それぞれの内容に合うものを１つずつ選び，○で囲みましょう。　各6点【18点】

① わたしは北海道（ に住んでいます ／ が好きです ）。

② わたしは８時に（ 学校 ／ 病院 ）へ行きます。

③ わたしはふつう，（ ４時 ／ ５時 ）に宿題をします。

英語 3

好きなものについて説明しよう！

目標時間 20 分

学習した日　　月　　日

名前

得点

100点満点

答え ▶ 118ページ

リスニング

1 音声を聞いて，声に出して読みましょう。そのあとに，次の英文を声に出して読みながら，なぞりましょう。　各9点【54点】

① あなたはどんな果物が好きですか。

What fruit do you like?

② （①に答えて）ぼくはバナナが好きです。

I like bananas.

③ あなたは野球が好きですか。

Do you like baseball?

④ （③に答えて）はい，好きです。／いいえ，好きではありません。

Yes, I do. / No, I don't.

⑤ あなたの大好きなスポーツは何ですか。

What's your favorite sport?

⑥ （⑤に答えて）わたしの大好きなスポーツはテニスです。

My favorite sport is tennis.

2 次のイラストの，[?]に合うものを，下のア～ウから選び，記号で答えましょう。　各8点【16点】

①

（　　　）

②

（　　　）

ア　What sport do you like?
イ　Do you like pizza?
ウ　What's your favorite color?

リスニング

3 音声を聞いて，それぞれの人物とその人物が好きなものを線で結びましょう。　各10点【30点】

① マリコ　●　　●

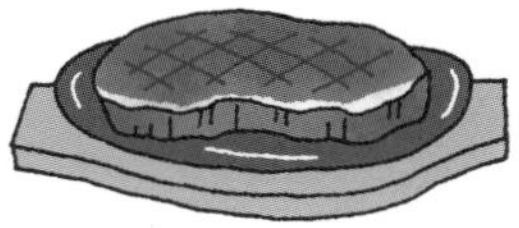

② マイク　●　　●

③ リズ　●　　●

英語 4

したいことを伝えよう！

目標時間 20 分

学習した日　月　日

名前

得点

100点 満点

答え ▶ 118ページ

リスニング

1 🎧 音声を聞いて，声に出して読みましょう。そのあとに，次の英文を声に出して読みながら，なぞりましょう。　各10点【60点】

① あなたは何を食べたいですか。

What do you want to eat?

② （①に答えて）わたしはハンバーガーを食べたいです。

I want to eat a hamburger.

③ あなたは何のスポーツをしたいですか。

What sport do you want to play?

④ （③に答えて）わたしはテニスをしたいです。

I want to play tennis.

⑤ あなたはテレビを見たいですか。

Do you want to watch TV?

⑥ （⑤に答えて）はい，見たいです。／いいえ，見たくありません。

Yes, I do. ／ No, I don't.

2 次の質問文に対する正しい答えの文を，下のア～ウから選び，記号で答えましょう。　各10点【20点】

① 

What sport do you want to watch?

（　　　）

② 

What do you want to see?

（　　　）

ア　I want to watch soccer.
イ　Yes, I do.
ウ　I want to see lions.

リスニング

3 🎧 音声を聞いて，イラストの内容に合っていれば○，合っていなければ×を書きましょう。　各10点【20点】

①

（　　　）

②

（　　　）

英語 5

行ってみたい国について話そう！

目標時間 20 分

学習した日　　月　　日

名前

得点

100点 満点

答え ▶ 119ページ

リスニング

1 音声を聞いて，声に出して読みましょう。そのあとに，次の英文を声に出して読みながら，なぞりましょう。　各10点【60点】

① あなたはどこに行きたいですか。

Where do you want to go?

② （①に答えて）わたしはインドに行きたいです。

I want to go to India.

③ （②に続けて）なぜですか。

Why?

④ （③に答えて）わたしはカレーを食べたいです。

I want to eat curry.

⑤ あなたはトラを見ることができます。

You can see tigers.

⑥ あなたはナンを知っていますか。

Do you know nan?

2 次の日本語に合うように，(　　)に入る語を下のア～エから選び，記号で答えましょう。　各10点【20点】

① あなたは富士山を知っていますか。

Do you (　　　　) Mt. Fuji?

② あなたはそばを食べることができます。

You can (　　　　) *soba*.

ア eat	イ go
ウ know	エ see

リスニング

3 音声を聞いて，ケンタが行きたい国とそこでしたいことを下のア～ウから選び，記号で答えましょう。　各10点【20点】

① 行きたい国 (　　　　)

ア

エジプト

イ

イタリア

ウ

アメリカ

② そこでしたいこと (　　　　)

ア

イ

ウ

英語 6

日本のことを紹介《しょうかい》しよう！

目標時間 20 分

学習した日　月　日

名前

得点

100点満点

答え ▶ 119ページ

リスニング

1 音声を聞いて，声に出して読みましょう。そのあとに，次の英文を声に出して読みながら，なぞりましょう。　各9点【54点】

① 日本へようこそ。

Welcome to Japan.

② 夏には祭りがあります。

In summer, we have a festival.

③ あなたは花火を見ることができます。

You can see fireworks.

④ あなたは焼きそばを食べることができます。

You can eat *yakisoba*.

⑤ （④に続けて）それはとてもおいしいです。

It's delicious .

⑥ 日本にはけん玉があります。

We have *kendama* in Japan.

2 次の日本語に合うように，（　　）に入る語を下のア～エから選び，記号で答えましょう。　各8点【16点】

① 日本へようこそ。

(　　　　　) to Japan.

② 春には花見があります。

We (　　　　　) *hanami* in spring.

ア	have	イ	can
ウ	You	エ	Welcome

リスニング

3 音声を聞いて，それぞれの内容に合うものを１つずつ選び，○で囲みましょう。　各10点【30点】

① （　夏　／　秋　）には祭りがあります。

② あなたは（　おどる　／　歌う　）ことができます。

③ それは（　わくわくします　／　美しいです　）。

英語 7

目標時間 20 分

学習した日　　月　　日

名前

得点

100点 満点

答え ▶ 119ページ

自分たちの町・地域《ちいき》を紹介《しょうかい》しよう！

リスニング

1 音声を聞いて，声に出して読みましょう。そのあとに，次の英文を声に出して読みながら，なぞりましょう。　各9点【54点】

① これがわたしたちの町です。

This is our town.

② 水族館があります。

We have an aquarium.

③ （②に続けて）それは新しいです。

It's new.

④ スタジアムはありません。

We don't have a stadium.

⑤ あなたは町に何がほしいですか。

What do you want in our town?

⑥ （⑤に答えて）わたしはプールがほしいです。

I want a swimming pool.

2 次のイラストの，［①］，［②］に合うものを，下のア～ウから選び，記号で答えましょう。　各8点【16点】

What do you want in our town?
①
②

①（　　　　）

②（　　　　）

ア　I want a beach.

イ　I want an amusement park.

ウ　I want a museum.

リスニング

3 音声を聞いて，町にあるものには○，ないものには×を書きましょう。　各10点【30点】

This is our town.

① 病院（　　　　）

② 動物園（　　　　）

③ サッカースタジアム（　　　　）

英語 8 確認《かくにん》テスト①

目標時間 20 分

学習した日　　月　　日

名前

得点

100点満点

答え ▶ 119ページ

1 次の英文の＿＿＿に入る英語を，下の□から１つずつ選んで書きましょう。　各10点【50点】

① 夏には花火大会があります。

In summer, we ＿＿＿＿＿＿

a fireworks festival.

② わたしはカナダ出身です。

I'm ＿＿＿＿＿＿ Canada.

③ わたしの誕生《たんじょう》日《び》は１月25日です。

My ＿＿＿＿＿＿ is January 25th.

④ あなたはサッカーを楽しむことができます。

You ＿＿＿＿＿＿ enjoy soccer.

⑤ わたしの大好きな食べものはスパゲッティです。

My ＿＿＿＿＿＿ food is spaghetti.

from	can	birthday
have	favorite	

2 絵を見て，質問の答えとなるように，正しいほうを○で囲みましょう。　各10点【30点】

① 

質問：What time do you get up?

答え：I (get up / go to bed) at 6:00.

② 

質問：Where do you want to go?

答え：I want to go to (Germany / India).

③ 

質問：What food do you like?

答え：I like (fried chicken / pizza).

リスニング

3 それぞれの絵について，ア～ウの３つの英文を読みます。音声を聞いて，絵の内容に合うものを１つずつ選び，記号を○で囲みましょう。　各10点【20点】

① (ア イ ウ)

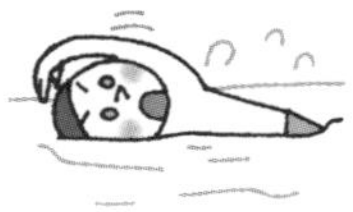

② (ア イ ウ)

英語 9

夏休みにしたことを言おう！

目標時間 20 分

学習した日　　月　　日

名前

得点

100点満点

答え ▶ 120ページ

リスニング

1 音声を聞いて，声に出して読みましょう。そのあとに，次の英文を声に出して読みながら，なぞりましょう。　各9点【54点】

① 夏休みはどうでしたか。

How was your summer vacation?

② わたしは大きな公園に行きました。

I went to a big park.

③ わたしはテニスを楽しみました。

I enjoyed tennis.

④ わたしは鳥を見ました。

I saw a bird.

⑤ ぼくはピザを食べました。

I ate pizza.

⑥ （⑤に続けて）それは大きかったです。

It was large.

2 次の絵の内容を表す文を，下のア～ウから選び，記号で答えましょう。　各8点【16点】

①

（　　　）

②

（　　　）

ア　I went to a bookstore.
イ　I saw a cat.
ウ　I enjoyed swimming.

リスニング

3 音声を聞いて，それぞれの内容に合うものを１つずつ選び，○で囲みましょう。　各10点【30点】

① わたしは北海道に（　行きました　／　住んでいました　）。

② わたしはカレーライスを（　作りました　／　食べました　）。

③ それは（　とてもおいしかった　／　楽しかった　）です。

英語 10

人のことを説明しよう！

目標時間 20分

学習した日　　月　　日

名前

得点

100点満点

答え ▶ 120ページ

英語

リスニング

1 音声を聞いて，声に出して読みましょう。そのあとに，次の英文を声に出して読みながら，なぞりましょう。　各10点【60点】

① こちらはだれですか。

Who is this?

② （①に答えて）そちらはわたしたちの先生です。

It's our teacher.

③ （②に続けて）かのじょは親切です。

She is kind.

④ かれは消防士です。

He is a fire fighter.

⑤ あなたのお気に入りの選手はだれですか。

Who is your favorite player?

⑥ （⑤に答えて）わたしのお気に入りの選手はジュンです。

My favorite player is Jun.

2 次の絵の内容を表す文を，下のア～ウから選び，記号で答えましょう。　各10点【20点】

①

（　　　）

②

（　　　）

ア　She is a singer.
イ　He is a police officer.
ウ　I am a nurse.

リスニング

3 音声を聞いて，イラストの内容に合っていれば○，合っていなければ×を書きましょう。　各10点【20点】

①

（　　　）

②

（　　　）

英語 11

小学校の思い出を言おう！

目標時間 20 分

学習した日 月 日

名前

得点

100点満点

答え ▶ 120ページ

リスニング

1 音声を聞いて，声に出して読みましょう。そのあとに，次の英文を声に出して読みながら，なぞりましょう。 各9点【54点】

① わたしのいちばんの思い出は運動会です。

My best memory is the sports day.

② わたしたちはバスケットボールを楽しみました。

We enjoyed basketball.

③ （②に続けて）それはわくわくしました。

It was exciting.

④ わたしたちは長野に行きました。

We went to Nagano.

⑤ わたしたちは大きな山を見ました。

We saw a big mountain.

⑥ あなたのいちばんの思い出は何ですか。

What's your best memory?

2 次の日本語に合うように，（ ）に入る語を下のア～エから選び，記号で答えましょう。 各8点【16点】

① わたしのいちばんの思い出は修学旅行です。

My best ( ) is our school trip.

② わたしたちは寺を見ました。それは美しかったです。

We saw a temple. It ( ) beautiful.

ア enjoyed	イ memory
ウ was	エ went

リスニング

3 音声を聞いて，表の（ ）に入るものをア～カから選び，記号で答えましょう。 各10点【30点】

行った場所	①( )
見たもの	②( )
感想	③( )

ア 奈《な》良《ら》
イ 東京
ウ 高いビル
エ 古い寺
オ おもしろかった
カ わくわくした

英語 12

将来《しょうらい》の夢を語ろう！

目標時間 20 分

学習した日　　月　　日

名前

得点

100点 満点

答え ▶ 120ページ

リスニング

1 音声を聞いて，声に出して読みましょう。そのあとに，次の英文を声に出して読みながら，なぞりましょう。　各９点【54点】

① あなたは何になりたいですか。

What do you want to be?

② （①に答えて）わたしは料理人になりたいです。

I want to be a cook.

③ （②に続けて）なぜですか。

Why?

④ （③に答えて）わたしは料理が得意です。

I'm good at cooking.

⑤ ぼくは英語を話すことができます。

I can speak English.

⑥ ぼくは歌いたいです。

I want to sing.

2 次の絵の内容を表す文を，下のア～ウから選び，記号で答えましょう。　各10点【30点】

①  （　　　）

②  （　　　）

③  （　　　）

ア　I want to be an artist.
イ　I want to be a scientist.
ウ　I want to be a doctor.

リスニング

3 音声を聞いて，表の（　　）に入る日本語を書きましょう。　各８点【16点】

なりたい職業	①（　　　　　　　　）
その理由	②（　　　　　　　　）

英語 13

中学校でしたいことを言おう！

目標時間 20 分　学習した日　　月　　日　名前

得点　　100点満点

答え ▶ 120ページ

リスニング

1 音声を聞いて，声に出して読みましょう。そのあとに，次の英文を声に出して読みながら，なぞりましょう。　各12点【60点】

① あなたは何のクラブに入りたいですか。

What club do you want to join?

② （①に答えて）ぼくはサッカー部に入りたいです。

I want to join the soccer team.

③ あなたは中学校で何をしたいですか。

What do you want to do
in junior high school?

④ （③に答えて）わたしは数学を一生けんめいに勉強したいです。

I want to study math hard.

⑤ わたしは算数が好きです。

I like math.

2 次の日本語に合うように，（　）に入る語を下のア～エから選び，記号で答えましょう。　各10点【20点】

① あなたは何のクラブに入りたいですか。

What (　　　) do you want to join?

② あなたは中学校で何をしたいですか。

What do you want to (　　　) in junior high school?

ア play	イ do
ウ memory	エ club

リスニング

3 音声を聞いて，メグミが入りたいクラブと中学校でしたいことを下のア～ウから選び，記号で答えましょう。　各10点【20点】

① 入りたいクラブ　（　　　）

ア 

イ 

ウ 

② 中学校でしたいこと　（　　　）

ア 

イ 

ウ 

英語 14

いろいろな質問をしてみよう！

目標時間 20 分

学習した日　　月　　日

名前

得点

100点満点

答え ▶ 121ページ

リスニング

1 音声を聞いて，声に出して読みましょう。そのあとに，次の英文を声に出して読みながら，なぞりましょう。　各9点【54点】

① あなたは何を勉強しますか。

What do you study?

② あなたはどこで昼食を食べますか。

Where do you eat lunch?

③ あなたはいつじゅくに行きますか。

When do you go to *juku*?

④ かれはだれですか。

Who is he?

⑤ あなたは何のスポーツが好きですか。

What sport do you like?

⑥ あなたは何時に家に帰りますか。

What time do you go home?

2 次の対話文が成り立つように，正しいほうを○で囲みましょう。　各10点【30点】

① A : (Where / Who) is she?
B : She is my sister.

② A : (What / When) do you want?
B : I want a bike.

③ A : (Where / When) do you practice basketball?
B : I practice it in the gym.

リスニング

3 音声を聞いて，イラストの内容に合っていれば○，合っていなければ×を書きましょう。　各8点【16点】

①

(　　　)

②

(　　　)

様子や気持ちを伝えよう！

目標時間 20 分

学習した日　　月　　日

名前

得点

100点満点

答え ▶ 121ページ

リスニング

1 音声を聞いて，声に出して読みましょう。そのあとに，次の英文を声に出して読みながら，なぞりましょう。　各9点【54点】

① ぼくはうれしいです。

I'm happy .

② わたしはおなかがすいています。

I'm hungry .

③ わたしのえん筆は長いです。

My pencil is long .

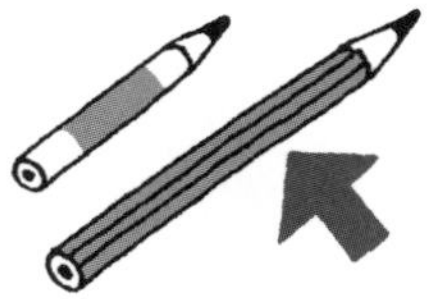

④ これはぼくの自転車です。それは新しいです。

This is my bike. It is new.

⑤ これはわたしのかばんです。それはすてきです。

This is my bag. It's nice.

⑥ ぼくはイヌを見ました。それは小さかったです。

I saw a dog. It was small.

2 次の日本語に合うように，(　　) に入る語を下のア～エから選び，記号で答えましょう。　各8点【16点】

① わたしのねこは大きいです。

My cat is (　　　).

② わたしの本は古いです。

My book is (　　　).

ア	old	イ	new
ウ	big	エ	small

リスニング

3 音声を聞いて，それぞれの人物とその人物の気持ちや様子を線でつなぎましょう。　各10点【30点】

① ボブ　●　　　●

② アンディ　●　　　●

③ マックス　●　　　●

確認《かくにん》テスト②

目標時間 20 分　学習した日　月　日

名前

得点

100点満点

答え ▶ 121ページ

1 次の英文の＿＿に入る英語を，下から選んで書きましょう。

各10点【50点】

① かのじょはだれですか。

＿＿＿＿ is she?

② わたしのいちばんの思い出は運動会です。

My best ＿＿＿＿ is the sports day.

③ わたしはスイカを食べました。

I ＿＿＿＿ watermelon.

④ あなたは何のクラブに入りたいですか。

What ＿＿＿＿ do you want to join?

⑤ あなたは何になりたいですか。

What do you want to ＿＿＿＿ ?

ate	be	Who
club	memory	

2 次の男性の紹介《しょうかい》文に合う英語になるように，（　　）に入る語を下のア～カから選び，記号で答えましょう。

各10点【20点】

名前：ジェイムズ
職業：算数の先生
できること：水泳

He is James.

① He is a math (　　　　).

② He can (　　　　).

ア	doctor	イ	jump
ウ	swim	エ	nurse
オ	sing	カ	teacher

リスニング

3 音声を聞いて，表の（　　）に入るものをア～カから選び，記号で答えましょう。

各10点【30点】

好きな教科	①(　　　　)
いちばんの思い出	②(　　　　)
なりたい職業	③(　　　　)

ア　音楽
イ　理科
ウ　修学旅行
エ　音楽祭
オ　教師
カ　歌手

くらしと政治①

目標時間 20 分　学習した日　月　日

名前

得点　100点満点

答え ▶ 122ページ

1 日本国憲法《けんぽう》について，次の問いに答えましょう。　各7点【49点】

(1) 次のA～Cは，日本国憲法の3つの原則について説明したものです。それぞれ何という原則か，あてはまるものをあとのア～ウから選び，記号で答えましょう。

A　すべての国民が，人間らしく生きるために，生まれながらに持っている権利《けんり》をおかすことのできない永久《えいきゅう》の権利として大切にする。

B　外国との間に争いごとが起こっても決して戦争はしないこと，そのための戦力はもたない。

C　国の政治のあり方を決めるための最終的な権限《けんげん》は，国民にある。

ア　平和主義　　イ　国民主権《しゅけん》　　ウ　基本的人権《じんけん》の尊重《そんちょう》

A(　　)　B(　　)　C(　　)

(2) 憲法と天皇《てんのう》について，次の問いに答えましょう。

① 日本国憲法では，天皇は日本の国や国民全体の何とされていますか。　(　　　　)

② 日本国憲法に定められた，天皇が行う仕事を何といいますか。　(　　　　)

(3) 次のうち，国民の権利にあたるものに○を，国民の義務にあたるものに△を，国民の権利と義務の両方にあたるものに◎を(　)に書きましょう。

① 思想や学問の自由　(　　)

② 仕事について働く　(　　)

2 国の政治のしくみについて，次の問いに答えましょう。　【51点】

(1) 右の図は，国の政治を行う3つの機関の関係をあらわしています。国の政治を3つの機関が分担《ぶんたん》して進めるしくみを何といいますか。　(8点)

(　　　　)

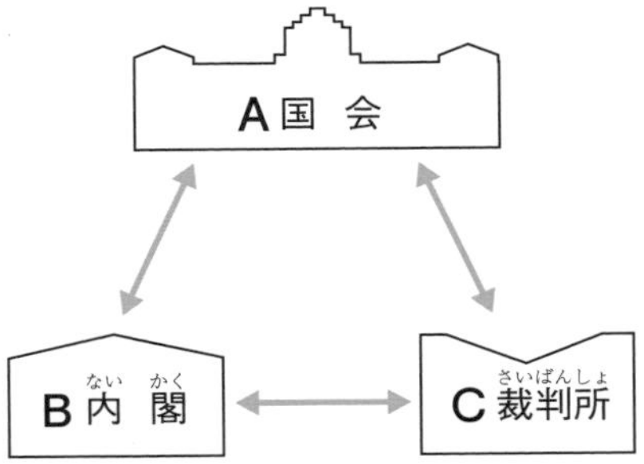

(2) 図のAについて，次の問いに答えましょう。　各7点(28点)

① Aを構成している2つの議院を答えましょう。

(　　　　)院　(　　　　)院

② Aでは，選挙で選ばれた国会議員が，国の政治の進む方向について話し合っています。現在，選挙権《けん》を持っているのはどのような人々ですか。次の(　　)にあてはまる数字を答えましょう。

・満(　　　　)才以上のすべての国民

③ Aだけがつくることができるものは何ですか。次のア～ウから選び，記号で答えましょう。　(　　)

ア　法律《ほうりつ》　　イ　条例《じょうれい》　　ウ　条約《じょうやく》

(3) 図のBの最高責任者を何といいますか。漢字6字で答えましょう。　(8点)

(　　　　)

(4) 図のCの裁判では，国民が裁判に参加する制度があります。この制度を何といいますか。　(7点)(　　　　)制度

くらしと政治②

目標時間 20 分　学習した日　月　日

名前

得点

100点 満点

答え ▶ 122ページ

1 次の問いに答えましょう。　各7点【56点】

(1) 都道府県や市(区)町村は，その地域《ちいき》に住む人々のための仕事をしています。この都道府県や市(区)町村を何といいますか。
(　　　　　)

(2) 次の①，②に立候補《りっこうほ》できるのはそれぞれ満何才以上ですか。

① 都道府県知事　満(　　　　　)才以上

② 市(区)町村長　満(　　　　　)才以上

(3) 住民が，国や都道府県，市(区)町村に納《おさ》めるお金を何といいますか。　(　　　　　)

(4) (3)について，次の問いに答えましょう。

① 買い物をしたときにかかる(3)のお金を何といいますか。
(　　　　　)

② 市の(3)の使い道を決めるのは，市長と市議会のどちらですか。　(　　　　　)

(5) 右の資料は，車いすでも通ることができる通路です。地域の施設《しせつ》には，このようにお年寄りや障《しょう》がいのある人が自由に，安全にくらすためのくふうがあります。このようなくふうを何といいますか。カタカナ6字で答えましょう。(　　　　　)

(ピクスタ)

(6) 社会や政治について，多くの人々が持っている，共通の意見を何といいますか。　(　　　　　)

2 災害《さいがい》からの復旧《ふっきゅう》・復興《ふっこう》について，次の問いに答えましょう。【44点】

(1) 右の図は，災害から人々を助ける政治の働きを示しています。このような活動を行いやすくするために，国会が定めるものは何ですか。　(8点) (　　　　　)

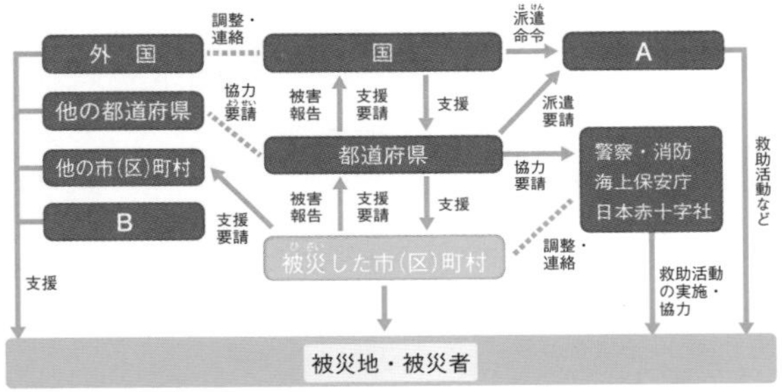

(2) 図のAは，災害の救助などの活動を行う国の組織です。あてはまる組織名を何といいますか。　(8点) (　　　　　)

(3) 図のBは，全国から被災者《ひさいしゃ》の手助けをするために自主的に集まって活動する人たちです。このような人たちを何といいますか。　(7点) (　　　　　)

(4) 次の写真の活動にあたるものを，下のア～エからそれぞれ選び，記号で答えましょう。　各7点(21点)

①

(ピクスタ)

(　　　　　)

②

(小林正典 /PPS 通信社)

(　　　　　)

③

(小林正典 /PPS 通信社)

(　　　　　)

ア 避難所《ひなんじょ》　イ 医療《いりょう》　ウ たきだし　エ 救命・救助

米づくりのむらから古墳《こふん》のくにへ

目標時間 20分

学習した日 月 日

名前

得点

100点満点

答え ▶ 122ページ

1 縄文《じょうもん》時代と弥生《やよい》時代の人々のくらしについて，次の問いに答えましょう。 各8点【72点】

(東京国立博物館)

(1) 右の資料は，縄文時代の人々が豊かなめぐみを願ってつくった土製の人形です。このような人形を何といいますか。

( )

(2) 弥生時代について，次の文と関係の深いものを下から選び，( )に記号を書きましょう。

① 稲《いね》の穂《ほ》をつみ取るときに使われた。 ( )

② つみ取った稲の穂がたくわえられた倉庫で，湿気《しっけ》を防ぐために床《ゆか》が高くなっている。 ( )

③ このころ使われていた土器で，うすくてかたい。 ( )

㋐

(東京大学総合研究博物館所蔵)

㋑

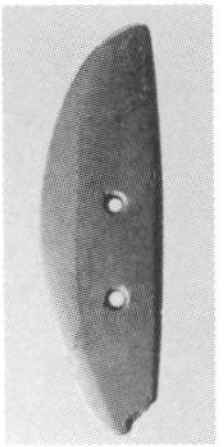
(福岡市埋蔵文化財センター所蔵)

㋒

(静岡市立登呂博物館)

(3) 3世紀に書かれた中国《ちゅうごく》の歴史の本には，そのころの日本の様子が記《しる》されています。このことについて，問いに答えましょう。

① 日本には，30ほどの小国を従《したが》えていた，何という国がありましたか。 ( )

② ①を治めていた女王はだれですか。 ( )

(4) 次の文にあてはまる遺跡《いせき》を下から選び，( )に記号を書きましょう。

① 青森《あおもり》県にある縄文時代の遺跡。今から約5500年前の大集落のあとが見られる。 ( )

② 福岡《ふくおか》県にある縄文時代から弥生時代の遺跡。水田のあとが見られる。 ( )

③ 佐賀《さが》県にある弥生時代の遺跡。周りを深いほりやさくで囲まれた集落のあとが見られる。 ( )

〔 ㋐ 吉野ヶ里《よしのがり》遺跡　㋑ 三内丸山《さんないまるやま》遺跡　㋒ 板付《いたづけ》遺跡 〕

2 古墳《こふん》時代について，次の問いに答えましょう。 各7点【28点】

(1) 右の資料㋐は大仙《だいせん》(大山)古墳です。このような形の古墳を何といいますか。 ( )

㋐

(2) 右の資料㋑は，古墳のかざりや土のくずれ止めに使われたと考えられています。これを何といいますか。

( )

㋑

(東京国立博物館)

(3) 大和朝廷《やまとちょうてい》では，だれを中心として政治が行われましたか。 ( )

(4) 中国や朝鮮《ちょうせん》半島から日本に移り住み，すぐれた文化や技術《ぎじゅつ》を伝えた人たちを何といいますか。 ( )

社会 4

天皇《てんのう》中心の国づくり

目標時間 20 分　学習した日　月　日

名前

得点　100点 満点

答え ▶ 122ページ

1 聖徳太子《しょうとくたいし》について，次の問いに答えましょう。　各8点【56点】

(1)　A～Cは，聖徳太子が行った政治の内容です。これを読んで，あとの問いに答えましょう。

A　朝廷《ちょうてい》の役人に対して，政治に対する心構えを示した。

B　家がらによらず，能力や手がらのあった人を朝廷の役人に取り立てた。

C　中国《ちゅうごく》の進んだ政治の制度や文化を取り入れるために，使者を送った。

①　A，Bに最も関係の深いものを，次のア～エからそれぞれ選び，記号を書きましょう。　A(　　)　B(　　)

ア　冠位十二階《かんいじゅうにかい》　　イ　推古天皇《すいこてんのう》の摂政《せっしょう》

ウ　十七条《じゅうしちじょう》の憲法《けんぽう》　　エ　蘇我《そが》氏との協力

②　Cについて，次の問いに答えましょう。

㋐　この使者を何といいますか。　(　　　　)

㋑　607年に，㋐として中国に送られた人物の名前を書きましょう。　(　　　　)

(2)　右の資料は，聖徳太子が仏教を広めるために建てた寺で，現存《げんそん》する世界最古の木造建築物です。この寺の名前を書きましょう。

(　　　　)

(3)　聖徳太子の死後，大化《たいか》の改新《かいしん》の中心となった2人の人物の名前を答えましょう。　(　　　　)(　　　　)

2 奈良《なら》時代について，次の問いに答えましょう。　各5点【20点】

(1)　710年に，奈良に置かれた都を何といいますか。

(　　　　)

(2)　聖武天皇が建てて，大仏《だいぶつ》を安置した寺の名前を答えましょう。

(　　　　)

(3)　聖武天皇は，大仏をつくるために民衆《みんしゅう》にしたわれていた僧《そう》の協力を求めました。この僧はだれですか。　(　　　　)

(4)　右の資料は(2)の寺の倉で，聖武天皇の持ち物がおさめられていました。その中の，外国からの宝物の多くは，どこの国を通じて集められたものですか。　(　　　　)

(正倉院正倉)

3 平安《へいあん》時代について，次の問いに答えましょう。　各8点【24点】

(1)　8世紀末に，京都に置かれた都を何といいますか。

(　　　　)

(2)　右の資料は，藤原《ふじわら》氏が最も栄えたころ，藤原氏の中心人物がよんだ歌です。11世紀前半に摂政となった，この人物はだれですか。　(　　　　)

> この世をば　わが世とぞ思う　もち月の
> 欠けたることも　なしと思えば

(3)　天皇のきさきとなった(2)のむすめに仕え，『源氏《げんじ》物語』を著《あらわ》した人物はだれですか。　(　　　　)

確認《かくにん》テスト①

答え ▶ 122ページ

1 次の問いに答えましょう。　各7点【28点】

(1) 日本国憲法《けんぽう》の原則について，次の文の(　　)にあてはまることばを書きましょう。

① 主権《しゅけん》は(　　　　　)にあります。

② (　　　　　)的人権は，人が生まれながらにもっているおかすことのできない権利です。

③ ２度と(　　　　　)をしないとちかっています。

(2) 日本がかかげる，核兵器《かくへいき》を「もたない，つくらない，もちこませない」という原則を何といいますか。

(　　　　　)

2 次の問いに答えましょう。　【20点】

(1) 国会が，衆議院《しゅうぎいん》と参議院《さんぎいん》の二院制をとっているのはなぜですか。次のア～ウから選び，記号で答えましょう。(　　　　)（6点）

ア　二大政党制をとっているため。

イ　議決事こうを分担するため。

ウ　より慎重《しんちょう》に話し合うため。

(2) 市が行っていることとしてあてはまらないものを，次のア～ウから選び，記号で答えましょう。（6点）(　　　　)

ア　小学校などの教育　　イ　ごみの収集・処理《しょり》

ウ　郵便の集荷《しゅうか》・配達

(3) 市の仕事を行ったり，行う仕事を決めたりする，市長や市議会議員を，住民が選挙で選ぶのはなぜですか。（8点）

(　　　　　　　　　　　　)

3 右の年表を見て，次の問いに答えましょう。　各6点【24点】

年	できごと
3世紀	卑弥呼《ひみこ》が中国《ちゅうごく》に使いを送る…あ
630	中国(唐《とう》)へ使いを送る………い
645	政治の改革が始まる…………う
710	平城京に都が移される………え

(1) あの時代を何時代といいますか。

(　　　　　)

(2) いの使いを何といいますか。

(　　　　　)

(3) 中大兄皇子《なかのおおえのおうじ》や中臣鎌足《なかとみのかまたり》らが始めたうを何といいますか。

(　　　　　)

(4) えの平城京《へいじょうきょう》に大仏《だいぶつ》をつくった天皇《てんのう》はだれですか。

(　　　　　)

4 右の資料を見て，次の問いに答えましょう。　各7点【28点】

(1) アは紫式部《むらさきしきぶ》が著《あらわ》した物語を題材にしてえがかれたものです。その物語の題名を答えましょう。

(　　　　　)

(五島美術館)

(2) (1)は，当時生まれた何という文字を使って書かれましたか。

(　　　　　)

(3) イのような屋しきのつくりを何といいますか。(　　　　　)

(国立歴史民俗博物館所蔵)

(4) (1)～(3)の作品や文字，家のつくりに代表される文化を何文化といいますか。(　　　　　)

武士の世の中

1 次の問いに答えましょう。【28点】

(1) 朝廷《ちょうてい》や貴族《きぞく》に仕えた武士団の中でも，とくに多くの家来《けらい》を従《したが》えて勢いが強かったのは，平氏《へいし》と何氏でしたか。(10点)

(　　　　　)

(2) 平氏のかしらである平清盛《たいらのきよもり》は，朝廷の何という役職について政治の実権《じっけん》をにぎりましたか。次のア～ウから選び，記号で答えましょう。(8点)(　　)

ア 太政大臣《だいじょうだいじん》　イ 摂政《せっしょう》
ウ 征夷大将軍《せいいたいしょうぐん》

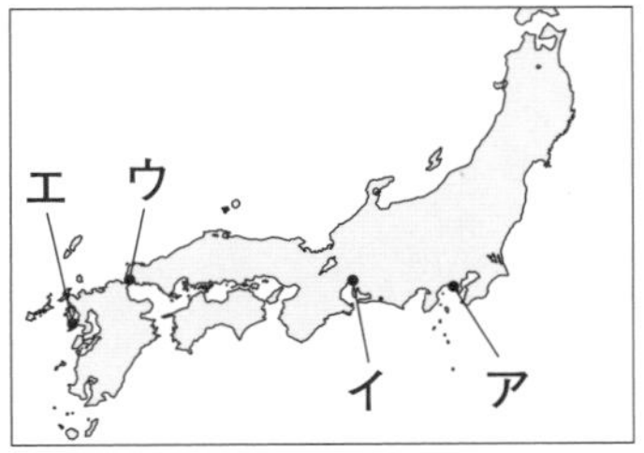

(3) (1)が平氏をほろぼした壇ノ浦《だんのうら》の戦いが起こった場所を，上の地図のア～エから選び，記号で答えましょう。(10点)(　　)

2 鎌倉《かまくら》時代について，次の問いに答えましょう。各8点【40点】

(1) 鎌倉に幕府《ばくふ》を開き，1192年に征夷大将軍に任じられたのはだれですか。(　　　　　)

(2) 右の図は，将軍と武士たちとの関係です。㋐にあてはまることばを答えましょう。

(　　　　　)

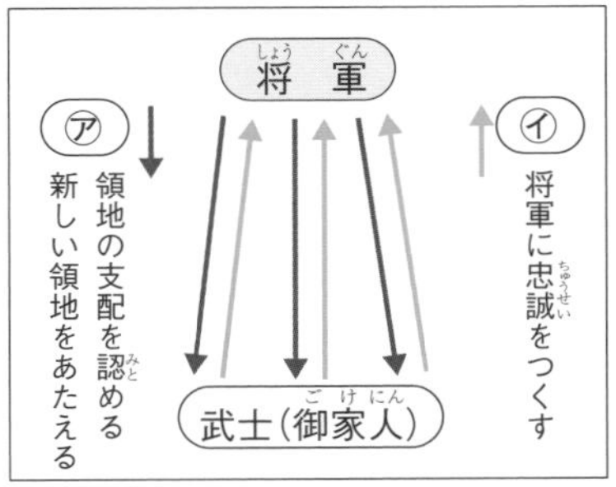

(3) 源氏《げんじ》の将軍が3代で絶《た》えたあと，執権《しっけん》として幕府の実権をにぎったのは何氏ですか。

(　　　　　)氏

(4) 右の資料はある国との戦いの様子です。これを見て，次の問いに答えましょう。

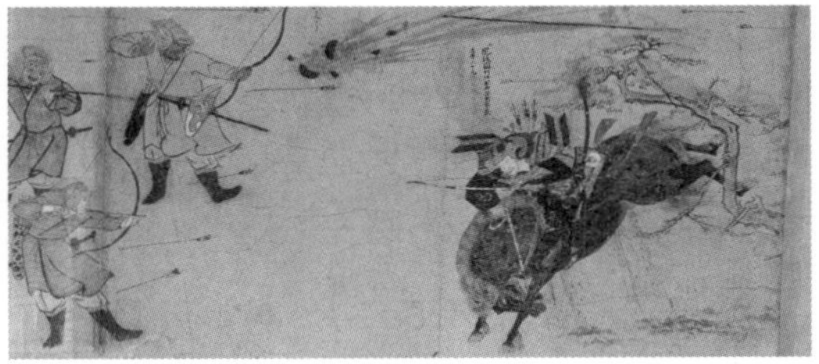
(宮内庁三の丸尚蔵館)

① ある国とはどこですか。漢字1字で答えましょう。(　　　　　)

② この戦いのあと，武士たちは幕府に不満を持つようになりました。その理由をかんたんに答えましょう。

(　　　　　　　　　　　　　　　　)

3 室町《むろまち》時代の文化について，次の問いに答えましょう。各8点【32点】

(1) 右の資料㋐は，3代将軍足利義満《あしかがよしみつ》が京都の北山《きたやま》に建てた別荘《べっそう》です。これを何といいますか。(　　　　　)

㋐

(絵・実田くら)

(2) 左下の資料㋑を建てた8代将軍はだれですか。(　　　　　)

(3) 右の資料㋑㋒は，資料㋑のそばの建物の中にある部屋です。この建築様式を何といいますか。(　　　　　)

㋑

(絵・卯月)

㋒

(絵・ゼンジ)

(4) 水墨画《すいぼくが》を大成した人物はだれですか。(　　　　　)

全国統一への動き

目標時間 20 分

学習した日　月　日

名前

得点

100点 満点

答え ▶ 123ページ

1 右の地図を見て，次の問いに答えましょう。　各7点【21点】

(1) 1543年に，日本に初めて鉄砲《てっぽう》が伝わったところを地図のア～エから選び，記号で答えましょう。　(　　)

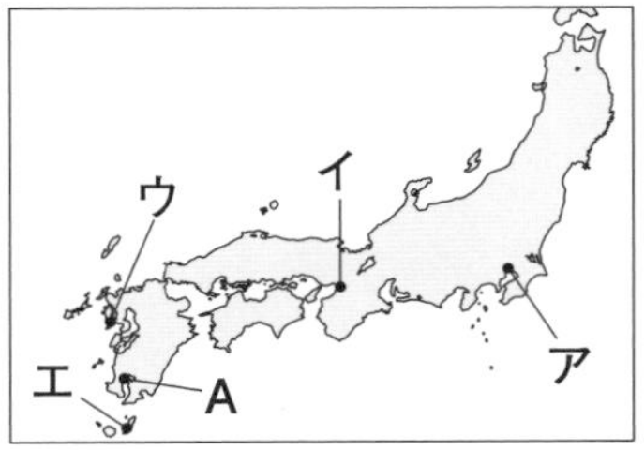

(2) 日本に鉄砲を伝えたのは，どこの国の人ですか。　(　　　　)

(3) 1549年に，地図のAに来て，日本にキリスト教を伝えた人物はだれですか。　(　　　　)

2 織田信長《おだのぶなが》について，次の問いに答えましょう。　各5点【30点】

(1) 右の資料は，織田・徳川《とくがわ》の連合軍が武田《たけだ》氏を破《やぶ》った戦いの様子です。これを見て，次の問いに答えましょう。

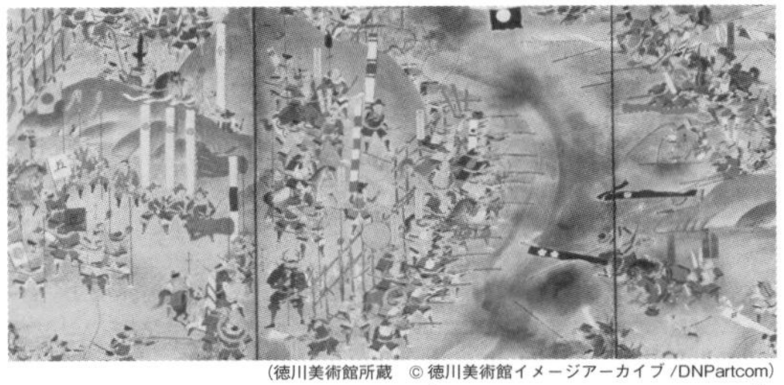
(徳川美術館所蔵　© 徳川美術館イメージアーカイブ /DNPartcom)

① この戦いを何といいますか。
(　　　　)

② この戦いで信長は，新兵器として何を大量に使いましたか。　(　　　　)

(2) 次の文の(　　)にあてはまることばを書きましょう。

・信長は，(1)の戦いの2年前，(①　　　　)氏を都から追放し，(②　　　　)幕府《ばくふ》をほろぼした。そして，(1)の戦いで勝った次の年，琵琶湖《びわこ》の近くに(③　　　　)を築《きず》いた。その後の1582年，家来《けらい》の(④　　　　)にせめられ自殺した。

3 豊臣秀吉《とよとみひでよし》と徳川家康《とくがわいえやす》について，次の問いに答えましょう。　各7点【49点】

(1) 秀吉が全国統一の拠点《きょてん》として築いた城《しろ》の名前を答えましょう。　(　　　　)

(2) 秀吉は全国の田畑の面積や収穫高《しゅうかくだか》，耕作者名などを調査し，年貢《ねんぐ》を確実に納《おさ》めさせるようにしました。この政策《せいさく》を何といいますか。　(　　　　)

(3) 右の資料は，秀吉が出した命令の一部です。この命令によって行われた政策を何といいますか。
(　　　　)

> 一　諸国《しょこく》の百姓《ひゃくしょう》が，刀，やり，鉄砲などの武器を持つことを，かたく禁止する。……　(一部)

(4) (2)と(3)によって，だれが支配する社会のしくみが整えられていきましたか。次のア～エから選び，記号で答えましょう。　(　　)

ア　貴族《きぞく》　イ　武士　ウ　百姓《ひゃくしょう》　エ　町人《ちょうにん》

(5) 秀吉が2度にわたって侵略《しんりゃく》した国はどこですか。
(　　　　)

(6) 1600年，徳川家康はある戦いで自分に反対する大名《だいみょう》たちを破り，全国の大名を従《したが》えました。この戦いを何といいますか。
(　　　　)の戦い

(7) 征夷大将軍《せいいたいしょうぐん》となった家康が，幕府を開いた場所はどこですか。当時の名前で答えましょう。　(　　　　)

社会 8

江戸幕府《えどばくふ》と鎖国《さこく》

目標時間 20分　学習した日　月　日

名前

得点　100点満点

答え ▶ 123ページ

1 江戸幕府《えどばくふ》の大名《だいみょう》支配について，次の問いに答えましょう。

各8点【56点】

(1) 次のような大名を何といいますか。あてはまるものをあとのア～ウからそれぞれ選び，記号で答えましょう。

① 関ヶ原《せきがはら》の戦い以前から徳川《とくがわ》氏の家来《けらい》だった大名。（　　）

② 関ヶ原の戦いのあとに徳川氏の家来になった大名。（　　）

③ 徳川氏の一族の大名。（　　）

ア 親藩《しんぱん》　イ 譜代《ふだい》大名　ウ 外様《とざま》大名

(2) 江戸から遠くはなれたところに配置されたのは，どの大名ですか。(1)のア～ウから選び，記号で答えましょう。（　　）

(3) 次の文の（　）にあてはまる法律《ほうりつ》の名前を答えましょう。

幕府は，大名を取りしまるために，1615年に初めて（　　　　　）を定めました。

(4) 1635年，(3)の法律に，大名は江戸と領地《りょうち》を1年おきに往復《おうふく》し，妻子《さいし》を江戸のやしきに住まわせるという制度が加えられました。この制度を何といいますか。（　　　　　）

(5) (4)を定めた，3代将軍《しょうぐん》はだれですか。（　　　　　）

2 江戸時代の身分制度について，次の問いに答えましょう。

各6点【24点】

(1) 江戸時代の社会を支配していたのは，どのような身分の人々ですか。次のア～エから選び，記号で答えましょう。（　　）

ア 武士　イ 百姓《ひゃくしょう》　ウ 町人《ちょうにん》　エ 公家《くげ》

(2) 右上のグラフは，江戸時代の身分別人口の割合《わりあい》です。これを見て，次の問いに答えましょう。

① 武士をア～ウから選び，記号で答えましょう。（　　）

② 百姓をア～ウから選び，記号で答えましょう。（　　）

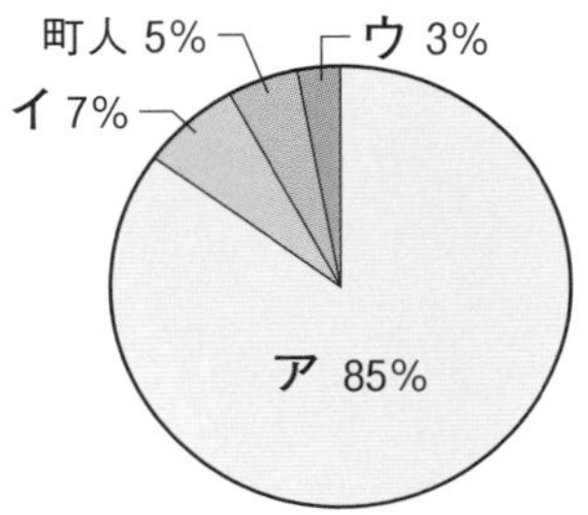

（江戸時代の終わりごろの割合）

(3) 右下の資料は，百姓に対して出された生活の心得《こころえ》の一部です。□にあてはまる農産物を答えましょう。
（　　　　　）

> 一．百姓は雑穀《ざっこく》(きび・あわ・ひえなど)を食べ，□はなるべく食べないようにすること。

3 江戸幕府と外国との関係について，次の問いに答えましょう。

各5点【20点】

(1) 朱印船《しゅいんせん》貿易がさかんだったころ，東南アジアの各地にできた日本人が住む町を何といいますか。（　　　　　）

(2) 1637年，九州《きゅうしゅう》地方で，キリスト教禁止と重い年貢《ねんぐ》の取り立てに反対した3万数千人もの人々が一揆《いっき》を起こしました。この一揆を何といいますか。（　　　　　）一揆

(3) (2)のあと，右の資料の人工の島で，オランダとの貿易が行われました。この人工の島を何といいますか。（　　　　　）

(4) 外国との貿易を厳《きび》しく制限した幕府の政策《せいさく》を漢字2字で答えましょう。（　　　　　）

（長崎歴史文化博物館）

江戸《えど》時代の文化と新しい学問

目標時間 20 分

学習した日　　月　　日

名前

得点

100点満点

答え ▶ 123ページ

1 江戸《えど》時代の交通と都市について，次の問いに答えましょう。

各5点【30点】

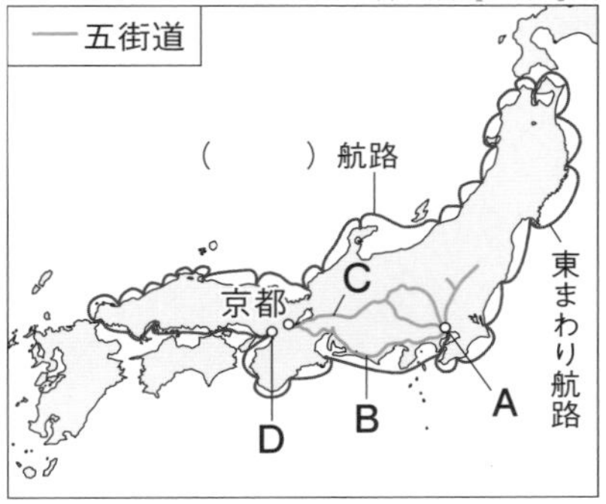

(1) 五街道《ごかいどう》の起点となった，地図のAの都市の名前を答えましょう。　(　　　　)

(2) 地図のAは，政治の中心地だったことから何と呼《よ》ばれていましたか。(　　　　)

(3) 地図のB・Cは，五街道のうちの2つの街道です。それぞれの街道名を答えなさい。

B(　　　　)　C(　　　　)

(4) 地図の(　　)にあてはまる航路の名前を答えなさい。

(　　　　)航路

(5) 地図のDは，商業の中心地として栄えたことから何と呼ばれましたか。　(　　　　)

2 江戸時代の学問や文化について，次の問いに答えましょう。

各7点【70点】

(1) 次の文は，国学《こくがく》・蘭学《らんがく》のどちらについて説明したものですか。それぞれ答えましょう。また，文の(　　)にあう人名や国名を答えましょう。

① (　　)が，『古事記伝《こじきでん》』を著《あらわ》して大成した。

学問(　　　　)　人名(　　　　)

② 医学・天文学などの西洋の知識や技術を(　　)語で学んだ。

学問(　　　　)　国名(　　　　)

(2) 右の資料A～Dに関係の深い人物を，次のア～キからそれぞれ選び，記号で答えましょう。

ア 近松門左衛門《ちかまつもんざえもん》

イ 伊能忠敬《いのうただたか》

ウ 葛飾北斎《かつしかほくさい》

エ 歌川広重《うたがわひろしげ》

オ 杉田玄白《すぎたげんぱく》

カ 小林一茶《こばやしいっさ》

キ 東洲斎写楽《とうしゅうさいしゃらく》

A『解体新書』

(国立大学法人東京医科歯科大学図書館)

B「東海道《とうかいどう》五十三次《つぎ》」

(個人蔵)

C「正確な日本地図」

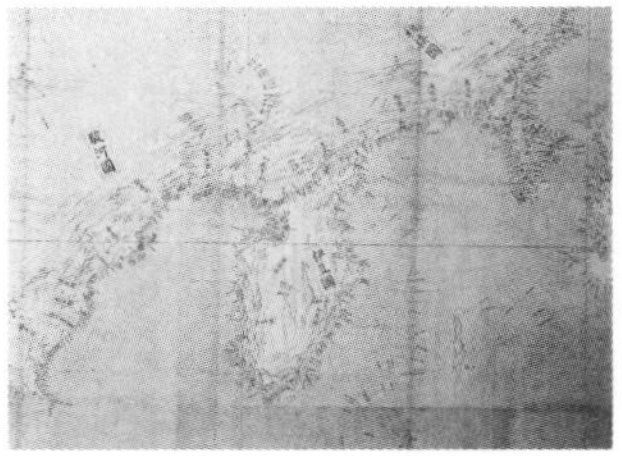

(千葉県香取市　伊能忠敬記念館所蔵)

D「歌舞伎《かぶき》の舞台《ぶたい》」

(国立国会図書館)

A(　　)

B(　　)

C(　　)

D(　　)

(3) 『奥《おく》の細道《ほそみち》』などを著《あらわ》して，俳諧《はいかい》を芸術にまで高めた人物を次のア～エから選び，記号で答えなさい。　(　　)

ア 松尾芭蕉《まつおばしょう》　イ 井原西鶴《いはらさいかく》

ウ 与謝蕪村《よさぶそん》　エ 高野長英《たかのちょうえい》

(4) 右の資料は，百姓《ひゃくしょう》や町人の子どもが「読み・書き・そろばん」を学んだ教育機関です。この教育機関を何といいますか。

(　　　　)

(田原市博物館)

確認《かくにん》テスト②

目標時間 20分

学習した日　　月　　日

名前

得点

100点満点

答え ▶ 123ページ

1 次の問いに答えましょう。　各8点【56点】

年	できごと
1167	平清盛が(　　)になる…あ
1185	壇ノ浦《だんのうら》の戦いが起こる…い
1274 1281	元寇《げんこう》…………………う
1338	室町幕府が開かれる……え
1603	江戸幕府が開かれる……お
1641	鎖国が完成する…………か
1837	大阪で反乱が起こる……き

(1) あの(　　)にあてはまる平清盛《たいらのきよもり》がついた役職は何ですか。

(　　　　　)

(2) いの戦いのあと，源頼《みなもとのより》朝《とも》が朝廷《ちょうてい》にせまり，御家人《ごけにん》を任命して各地に置いたのは，守護《しゅご》と何ですか。

(　　　　　)

(3) うのときの鎌倉幕府《かまくらばくふ》の執権《しっけん》はだれですか。　(　　　　　)

(東京国立博物館蔵 / Image:TNM Image Archives)

(4) えの室町《むろまち》時代に，右のような水墨画《すいぼくが》（すみ絵）を大成したのはだれですか。

(　　　　　)

(5) おの江戸《えど》幕府が定めたものを，次のア～ウから選び，記号で答えましょう。　(　　)

ア　御成敗式目《ごせいばいしきもく》　　イ　分国法《ぶんこくほう》　　ウ　武家諸法度《ぶけしょはっと》

(6) かの鎖国《さこく》の完成ののちも，日本との貿易を許された，ヨーロッパの国の名前を答えましょう。　(　　　　　)

(7) きは，もと大阪《おおさか》の役人が，生活に苦しむ人々を救済《きゅうさい》しようと起こした反乱《はんらん》です。反乱を起こしたのはだれですか。

(　　　　　)

2 次の文は，信長《のぶなが》・秀吉《ひでよし》・家康《いえやす》それぞれに関係のあることを書いたものです。年代の古い順に番号をつけましょう。　【20点】

①(　　)「天下分け目の戦い」といわれる関ヶ原《せきがはら》の戦いに勝ち，全国の大名《だいみょう》を従《したが》えた。

②(　　)将軍《しょうぐん》を京都から追放して，室町幕府をほろぼした。

③(　　)一揆《いっき》を防ぐために，百姓《ひゃくしょう》から武器を取り上げた。

④(　　)中国(明《みん》)を征服《せいふく》しようとして，2度にわたって朝鮮《ちょうせん》に兵を送ったが，はげしい抵抗《ていこう》にあって失敗した。

⑤(　　)征夷大将軍《せいいたいしょうぐん》に任じられ，江戸幕府を開いた。

3 右の資料を見て，次の問いに答えましょう。　各8点【24点】

(国立能楽堂)

(1) アは室町時代に観阿弥《かんあみ》・世《ぜ》阿弥《あみ》親子が大成し，現代に受けつがれた芸能です。この芸能を何といいますか。

(　　　　　)

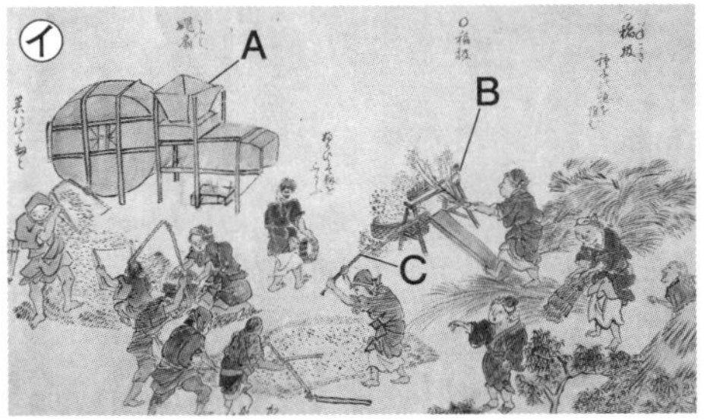

(東京大学史料編纂所所蔵)

(2) (1)の観阿弥・世阿弥親子を保護した将軍はだれですか。　(　　　　　)

(3) イは江戸時代に発達した農具です。千歯《せんば》こきをイのA～Cから選び，記号で答えましょう。　(　　)

開国と明治維新《めいじいしん》

目標時間 20 分　学習した日　月　日

名前

得点　100点満点

答え ▶ 124ページ

1 江戸幕府《えどばくふ》がたおれるまでについて，次の問いに答えましょう。 各7点【35点】

(1) 次の文にあてはまる人物を，あとのア～カから選び，記号で答えましょう。 ①(　) ②(　) ③(　)

① ききんで苦しむ人々を救おうとして，大阪《おおさか》で乱《らん》を起こした。

② 1853年，4せきの軍艦《ぐんかん》を率いて浦賀《うらが》に来航した。

③ 江戸幕府の15代将軍《しょうぐん》で，政権《せいけん》を朝廷《ちょうてい》に返した。

ア 徳川家康《とくがわいえやす》　イ 徳川慶喜《よしのぶ》　ウ 大塩平八郎《おおしおへいはちろう》

エ 西郷隆盛《さいごうたかもり》　オ ペリー　カ 勝海舟《かつかいしゅう》

(2) 薩長同盟《さっちょうどうめい》について，次の問いに答えましょう。

① 同盟を結ぶために薩摩藩《さつまはん》と長州藩《ちょうしゅうはん》の仲立ちをしたのはだれですか。 (　)

② 何のための同盟ですか。(　)

2 明治《めいじ》政府の改革《かいかく》などについて，次の文の(　)にあてはまることばや数字を答えましょう。 各5点【20点】

① 1868年，明治政府は，明治天皇《てんのう》の名で(　)か条の御誓文《ごせいもん》を出し，新しい政府の方針《ほうしん》を示した。

② 明治政府は，1871年に(　)を廃止《はいし》して新たに府や県を置き，政府が任命した役人に治めさせた。

③ 明治政府は，1873年に徴兵令《ちょうへいれい》を出し，満(　)才以上の男子に兵役《へいえき》の義務を負わせた。

④ 天皇の一族は皇族《こうぞく》，公家《くげ》や大名《だいみょう》は華族《かぞく》，武士は士族，そのほかの人々は(　)とされた。

3 次の人物の名前を漢字で書きましょう。 各7点【21点】

① 『学問のすゝ《(す)》め』などを著《あらわ》し，西洋の新しい知識をしょうかいした中津藩《なかつはん》出身の人物。 (　)

② 国会開設の要求など自由民権《じゆうみんけん》運動を中心になっておし進めた，土佐《とさ》藩出身の人物。 (　)

③ 内閣《ないかく》制度をつくり，初代の内閣総理大臣に任じられた長州藩《ちょうしゅうはん》出身の人物。 (　)

4 大日本帝国憲法《ていこくけんぽう》について，次の問いに答えましょう。 各6点【24点】

(1) 大日本帝国憲法は，どこの国の憲法を参考にしてつくられましたか。 (　)

(2) なぜ(1)の国の憲法を参考にしたのですか。次の(　)にあてはまることばを書きましょう。

・(　)の権力《けんりょく》が強い憲法だったから。

(3) 右の資料は，大日本帝国憲法の一部です。□に共通してあてはまることばを答えましょう。

(　)

> 第1条　日本は，永久に続く同じ家系《かけい》の□が治める。
>
> 第3条　□は神のように尊《とうと》いものである。
>
> 第4条　□は，国の元首《げんしゅ》であり，国や国民を治める権限を持つ。

(4) 大日本帝国憲法では，議会は衆議院《しゅうぎいん》と何院で構成されていましたか。

(　)

日清《にっしん》・日露《にちろ》戦争と日本

1 次の問いに答えましょう。

各6点【48点】

(1) 1894年に起こった朝鮮《ちょうせん》の内乱《ないらん》がきっかけで始まった，日本と中国の戦争を何といいますか。　(　　　　　　)戦争

(2) 次の文は，(1)の戦争のあとのできごとについて述べたものです。文の(　)にあてはまる国名を書きましょう。

・日本はリアオトン半島を，(㋐　　　　　)とドイツ，フランスの干渉《かんしょう》によって，(㋑　　　　　)に返した。

(3) 1858年に江戸幕府《えどばくふ》が結んだ不平等条約の改正について，条約改正を実現させた人物と改正内容の組み合わせが正しいものを2つ選び，記号で答えましょう。　(　　)(　　)

ア　陸奥宗光《むつむねみつ》－領事裁判権《りょうじさいばんけん》（治外法権《ちがいほうけん》）の廃止《はいし》
イ　小村寿太郎《こむらじゅたろう》－領事裁判権（治外法権）の廃止
ウ　陸奥宗光－関税自主権《かんぜいじしゅけん》の回復
エ　小村寿太郎－関税自主権の回復

(4) 1904年に起こった，日本とロシアの戦争について答えましょう。

① この戦争を何といいますか。　(　　　　　　)戦争

② 「君死にたま《(も)》ふ《(う)》ことなかれ」という詩で，この戦争に反対する気持ちをあらわしたのはだれですか。(　　　　　　)

(5) 1910年，日本が朝鮮(韓国《かんこく》)を併合《へいごう》して，植民地としたことを何といいますか。漢字4字で答えましょう。(　　　　　　)

2 産業の発展《はってん》と明治《めいじ》の文化について，次の問いに答えましょう。

各6点【30点】

(1) 右上の資料は，1の(1)の戦争の賠償金《ばいしょうきん》の一部で北九州に建てられ，日本の重工業発展の中心となった工場です。この工場を何といいますか。　(　　　　　　)

(2) 足尾《あしお》銅山の鉱毒《こうどく》問題に対して，被害者《ひがいしゃ》の救済《きゅうさい》のために活動した衆《しゅう》議院《ぎいん》議員を次のア～ウから選び，記号で答えましょう。(　　)

ア　大隈重信《おおくましげのぶ》　イ　田中正造《たなかしょうぞう》　ウ　板垣退助《いたがきたいすけ》

(3) 次のA～Cの人物に関係の深いものを，ア～カからそれぞれ選び，記号で答えましょう。　A(　　)　B(　　)　C(　　)

A　北里柴三郎《きたさとしばさぶろう》　B　野口英世《のぐちひでよ》　C　樋口一葉《ひぐちいちよう》

ア　破傷風《はしょうふう》の治療《ちりょう》　イ　赤痢菌《せきりきん》の発見　ウ　『たけくらべ』
エ　黄熱病《おうねつびょう》の研究　オ　『坊《ぼ》っちゃん』　カ　「荒城《こうじょう》の月」

3 次の問いに答えましょう。

【22点】

(1) 1918年，富山《とやま》県の漁村の主婦たちが米の安売りを求めて起こした動きが，たちまち各地に広がりました。これを何といいますか。　(6点)(　　　　　　)

(2) 身分制度が改められてからも差別に苦しめられてきた人々は，1922年に何をつくりましたか。　(6点)(　　　　　　)

(3) 1925年から選挙権を持つようになったのは，どのような人たちですか。次の(　)にあてはまる数字やことばを書きましょう。

2つできて（10点）

・(　　　　　　)才以上のすべての(　　　　　　)

社会
13

長く続いた戦争と新しい日本

目標時間 20 分

学習した日　月　日

名前

得点

100点 満点

答え ▶ 124ページ

1 右の年表を見て，次の問いに答えましょう。　各７点【70点】

年	で　き　ご　と
1931	日本軍が中国東北部を占領《せんりょう》する…A
1932	日本軍が（　B　）をつくる
1933	日本が（　C　）を脱退《だったい》する
1937	（　　D　　）
1938	（　　E　　）
1939	（　　F　　）
1941	日本軍が真珠湾《しんじゅわん》を攻撃《こうげき》する………G
	・空しゅうがはげしくなる………H
1945	日本が降伏《こうふく》する……………………… I

(1)　Aは，日本軍が南満州《みなみまんしゅう》鉄道の線路を爆破《ばくは》したことがきっかけで起こりました。このできごとを漢字４字で答えましょう。
（　　　　　）

(2)　Bにあてはまる国名を答えましょう。　（　　　　　）

(3)　Cにあてはまる国際組織を何といいますか。（　　　　　）

(4)　D・E・Fにあてはまるものを，次のア～オからそれぞれ選び，記号で答えましょう。　D（　）　E（　）　F（　）

ア　ドイツがポーランドにせめこみ，第二次世界大戦が始まった。

イ　日本は，樺太《からふと》（サハリン）の南半分と南満州の鉄道などを得た。

ウ　日本は，ドイツ・イタリアと同盟《どうめい》を結んだ。

エ　ペキン郊外《こうがい》で日本軍と中国軍が衝突《しょうとつ》し，日中戦争が始まった。

オ　政府が戦争目的に国民や物資を動員できる法律《ほうりつ》を出した。

(5)　Gのできごとがきっかけで始まった戦争を何といいますか。
（　　　　　）戦争

(6)　右の写真は，Hの空しゅうをさけるために，都会の小学生が地方に移り住んだときの様子です。これを何といいますか。
（　　　　　）

（毎日新聞社）

(7)　Iの直前に原子爆弾《げんしばくだん》が投下されました。８月６日と８月９日に投下された都市の名前を，それぞれ書きましょう。　①　８月６日　（　　　　　）市
②　８月９日　（　　　　　）市

2 次の問いに答えましょう。　【30点】

(1)　戦後，選挙法の改正によって選挙権《けん》を持ったのは，どのような人たちですか。（　）にあてはまる数字やことばを答えましょう。　２つできて（10点）
・（　　　　　）才以上のすべての（　　　　　）

(2)　1951年に講和会議が開かれ，日本は平和条約を結んで翌年《よくねん》独立を回復しました。この平和条約を何といいますか。　（5点）
（　　　　　）平和条約

(3)　1956年に日本が加盟《かめい》した国際組織を何といいますか。　（5点）
（　　　　　）

(4)　次のできごとが，（　）の年に行われた都市を，ア～エからそれぞれ選び，記号で答えましょう。各5点（10点）　①（　）　②（　）

①　オリンピック（1964年）　②　万国博覧会《ばんこくはくらんかい》（1970年）

ア　札幌《さっぽろ》　　イ　東京　　ウ　名古屋《なごや》　　エ　大阪《おおさか》

社会 14

世界の中の日本①

目標時間 20 分　学習した日　月　日

名前

得点　100点 満点

答え ▶ 124ページ

社会

1 日本と関係の深い国々について，次の問いに答えましょう。【70点】

(1) 次のA～Eの国の位置を，右の地図のア～キから選び，記号で答えましょう。

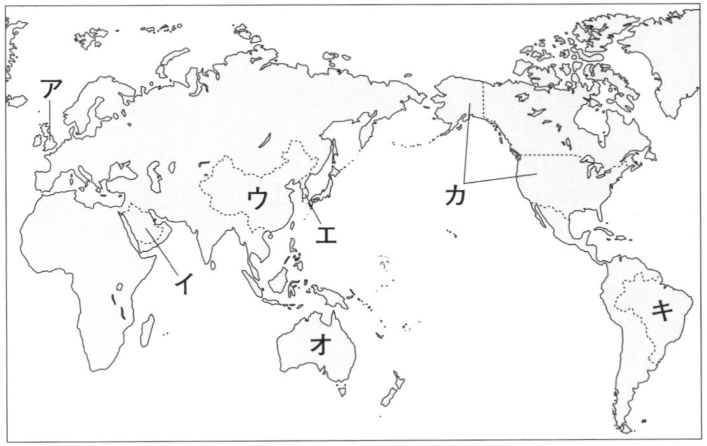

各6点（30点）

A　アメリカ(アメリカ合衆国《がっしゅうこく》)　　B　韓国《かんこく》(大韓民国《だいかんみんこく》)

C　中国(中華人民共和国《ちゅうかじんみんきょうわこく》)　　D　サウジアラビア

E　ブラジル

A(　　)　B(　　)　C(　　)　D(　　)　E(　　)

(2) 次の①～⑤の文の(　　)にあてはまることばを，あとのア～ケから選び，記号で答えましょう。　各8点（40点）

① ハンバーガーなどの(　　)は，今から50年ほど前にアメリカから日本に入ってきた。　(　　)

② 中国には，50以上の民族がくらしているが，人口の大部分は(　　)族である。　(　　)

③ サウジアラビアでは，ほとんどの人々が(　　)教を信仰《しんこう》している。　(　　)

④ ブラジルは，豊かな鉱産資源《こうさんしげん》，農産物にめぐまれており，(　　)の生産は世界一である。　(　　)

⑤ 韓国の人々は，中国で大昔に孔子《こうし》という人が広めた(　　)教の教えを大切にしている。　(　　)

ア　イスラム　　イ　キリスト　　ウ　仏《ぶつ》

エ　儒《じゅ》　　オ　コーヒー豆　　カ　ファストフード

キ　漢《かん》　　ク　明《みん》　　ケ　ハングル

2 右の資料を見て，次の問いに答えましょう。　各10点【30点】

(1) 日本からアメリカへの輸出品を示したあの［　　］にあてはまる品目を，次のア～エから選び，記号で答えましょう。　(　　)

ア　石油　　イ　衣類

ウ　自動車　　エ　医薬品

(2) いは日本(東京)とある国の首都の気温と降水量を示しています。いで示したある国を，次のア～エから選び，記号で答えましょう。　(　　)

ア　韓国　　イ　ブラジル

ウ　中国　　エ　サウジアラビア

(3) うの民族衣装《いしょう》はどこの国の衣装ですか。　(　　)

あ

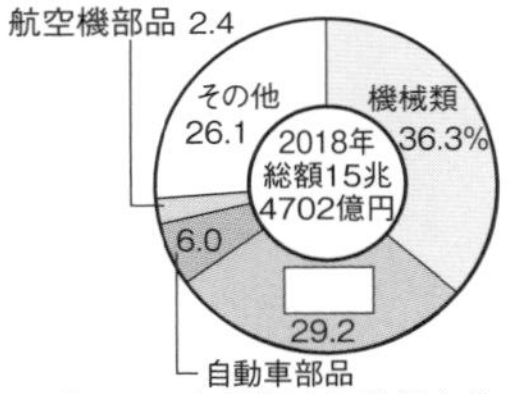

（2019/20年版「日本国勢図会」）

い

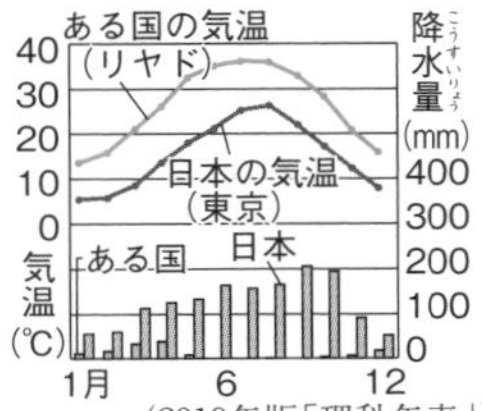

（2019年版「理科年表」）

（Alamy/PPS 通信社）

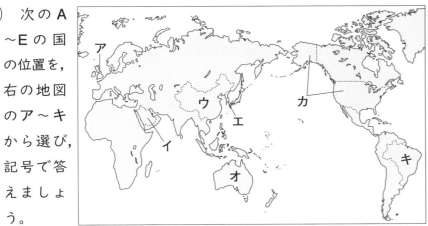

社会 15

世界の中の日本②

目標時間 20 分

学習した日　　月　　日

名前

得点

100点 満点

答え ▶ 124ページ

1 国連(国際連合)について，次の問いに答えましょう。 各8点【72点】

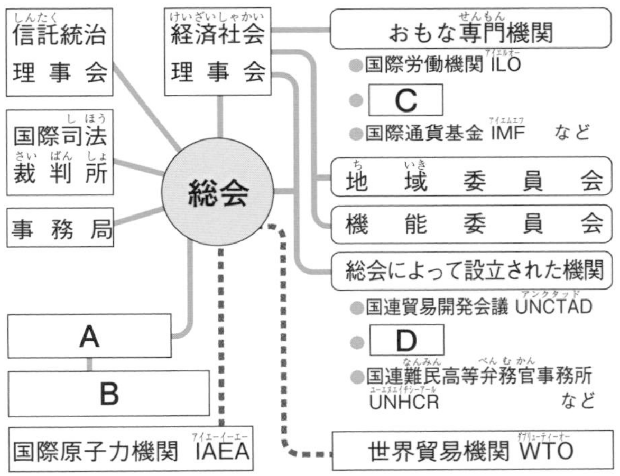

▲国連（国際連合）のしくみ

(1) 国連は何年につくられましたか。
(　　　　　)年

(2) 国連のつくられる少し前に終わった戦争は，何という戦争ですか。
(　　　　　　　)

(3) 国連の本部がある，アメリカの都市はどこですか。 (　　　　　　)

(4) 年に1度，すべての加盟国《かめいこく》の代表が参加して開かれる，国連の最高機関は何ですか。 (　　　　　　)

(5) 図のAの機関は，世界の平和と安全を守るための中心機関です。この機関の名前を答えましょう。 (　　　　　)理事会

(6) 図のBは，右の写真が示す日本の自《じ》衛隊《えいたい》も参加している活動です。この活動を何といいますか。

(朝日新聞社 /PPS 通信社)

(　　　　　　　)

(7) 次の文は，図のC・Dの機関のはたらきについて説明したものです。あてはまる機関をあとのア～エからそれぞれ選び，記号で答えましょう。 C(　　) D(　　)

C 教育・文化・科学を通じて，平和を求める心を育てる。

D 戦争や食料不足，病気などで苦しんでいる子どもたちを助ける。

ア ユネスコ　イ WHO《ダブリューエイチオー》　ウ NGO《エヌジーオー》　エ ユニセフ

(8) 右の写真は，日本の国際協力として，発展《はってん》途《と》上国《じょうこく》に出向き，その国で必要とされる手助けをする事業の様子です。この事業の名前を書きましょう。

(朝日新聞社 /PPS 通信社)

(　　　　　　　)協力隊

2 地球環境《かんきょう》問題について，次の文が説明している環境破壊《はかい》を，あとのア～オから選び，記号で答えましょう。 各7点【28点】

① 石油や石炭などを燃《も》やしたときに出る二酸化炭素《にさんかたんそ》が，温室効《こう》果《か》ガスとなり，地球の気温が上がる。

② 工場のけむりや自動車の排出《はいしゅつ》ガスが雨にとけて降《ふ》りそそぎ，森林などをからしたり，石や金属をとかしたりする。

③ フロンガスが原因で起こり，有害な紫外線《しがいせん》が地上に直接とどくようになる。

④ 日でりの害や家畜《かちく》の放牧のしすぎなどで土がやせ，作物がつくれなくなる。

ア 熱帯林《ねったいりん》の減少　イ オゾン層《そう》の破壊《はかい》　ウ さばく化
エ 地球の温暖化《おんだんか》　オ 酸性《さんせい》雨

①(　　) ②(　　) ③(　　) ④(　　)

確認《かくにん》テスト③

答え ▶ 124ページ

1 開国について，次の問いに答えましょう。 各10点【20点】

(1) 1853年に浦賀《うらが》に来航した，右の資料のアメリカ使節はだれですか。(　　　　　　)

(玉泉寺ハリス記念館)

(2) (1)の人物の要求の通りに幕府《ばくふ》が開国したのはなぜですか。次のア～エから選び，記号で答えましょう。(　　)

ア　アメリカと貿易を行いたかったから。
イ　アメリカを手本に近代化を行いたかったから。
ウ　アメリカの武力をおそれたから。
エ　日本の産業に打撃《だげき》をあたえるおそれはなかったから。

2 右の資料を見て，次の問いに答えましょう。 各10点【20点】

(1) この詩をよんだ人物を，次のア～ウから選び，記号で答えましょう。(　　)

ア　樋口一葉《ひぐちいちよう》
イ　与謝野晶子《よさのあきこ》
ウ　平塚《ひらつか》らいてう《(ちょう)》

> あゝ《(あ)》を《(お)》とうとよ，
> 君を泣《な》く，
> 君死にたま《(も)》ふ《(う)》ことなかれ，
> 末に生《うま》れし君なれば
> 親のなさけはまさりしも，……

(2) この詩は日露《にちろ》戦争のときによまれたものです。戦争に対するどんな気持ちをあらわしたものですか。ア～ウから選びなさい。(　　)

ア　戦争に反対する気持ち。　イ　勝利をいのる気持ち。
ウ　戦争をたたえる気持ち。

3 次の文の(　)にあてはまるものを，あとのア～キからそれぞれ選び，記号で答えましょう。 各9点【36点】

① 1950年，韓国《かんこく》と北朝鮮《きたちょうせん》の間に(　)戦争が起こった。(　　)

② 1956年，日本はソ連と国交を回復し，それによって日本の(　)への加盟《かめい》が認《みと》められた。(　　)

③ 1972年，日本は(　)と国交を正常化し，1978年には平和友好条約を結んだ。(　　)

④ 1972年，アメリカ合衆国《がっしゅうこく》の統治下にあった(　)が，日本に返還《へんかん》された。(　　)

ア　沖縄《おきなわ》　イ　小笠原《おがさわら》諸島　ウ　国際連合　エ　中国《ちゅうごく》
オ　朝鮮　カ　ロシア連邦《れんぽう》　キ　国際連盟

4 右の資料を見て，次の問いに答えましょう。 各8点【24点】

(1) 右の①・②は，それぞれどこの国の国旗ですか。

①

②

①(　　　　　　)　②(　　　　　　)

(2) 標高の低い島国では，右の写真のように，大潮《おおしお》になると海面の上昇《じょうしょう》によって国土が海にしずんでしまいます。このような海面の上昇が起こるのは，どのような環境《かんきょう》問題が原因ですか。

(朝日新聞社 /PPS 通信社)

(　　　　　　)

答え ▶ 125ページ

ものの燃え方と空気

1 右の図のようにして，底のないびんを使って，ろうそくの火の燃え方を調べました。 各10点【30点】

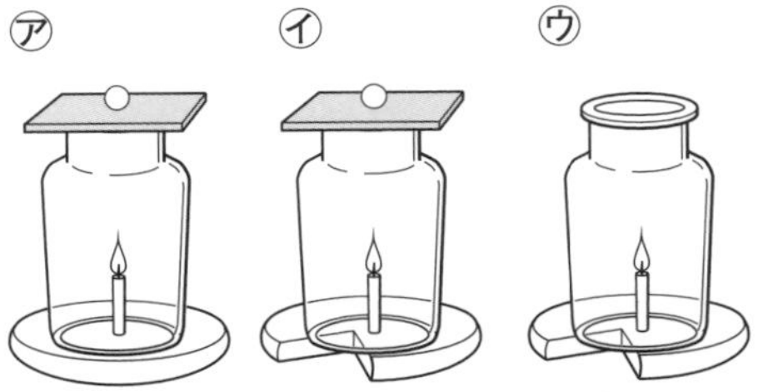

① ろうそくの火が消えてしまったのは，㋐～㋒のどれですか。すべて選びましょう。
（　　　　　）

② ろうそくの火が燃え続けたのは，㋐～㋒のどれですか。
（　　　　　）

③ ②で選んだろうそくが，燃え続けたのはなぜですか。次のア～ウから選びましょう。 （　　　　　）

ア びんの中の空気がたくさんあったから。

イ びんの中に新しい空気が入ったから。

ウ びんの中の空気が入れかわらなかったから。

2 空気にふくまれる気体について説明した次の文のうち，正しいものをすべて選びましょう。 【10点】（　　　　　）

ア 空気の成分は，おもに酸素と二酸化炭素である。

イ ちっ素には，ものを燃やすはたらきはない。

ウ 二酸化炭素は木や紙が燃えるときにできるが，ものが燃える前の空気にはふくまれていない。

エ 空気は，体積の約78%のちっ素，約21%の酸素，わずかな二酸化炭素などが混じり合っている。

3 ろうそくが燃える前と燃えたあとの空気を調べます。 各10点【30点】

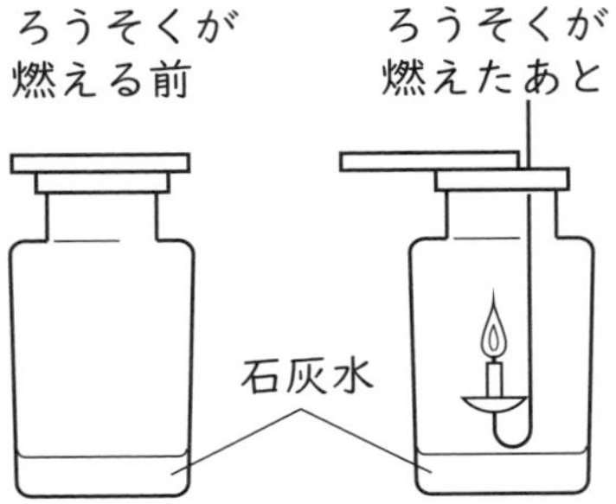

① ろうそくが燃える前のびんをよくふると，石灰水《せっかいすい》はどうなりますか。 （　　　　　）

② ろうそくが燃えたあとのびんをよくふると，石灰水はどうなりますか。（　　　　　）

③ ①，②から，ろうそくが燃えると，何という気体ができることがわかりますか。 （　　　　　）

4 右の図の３本のびんには，空気，酸素，ちっ素のどれかが入っており，火のついたろうそくを入れて，ふたをしました。 各10点【30点】

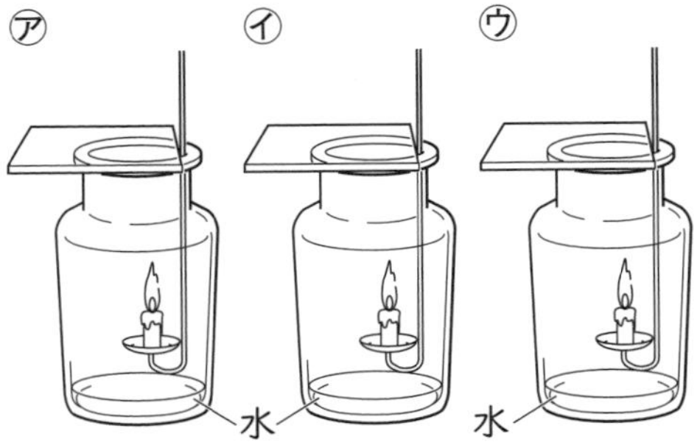

① ㋐のびんのろうそくは，はげしく燃えました。このびんには，何が入っていましたか。
（　　　　　）

② ㋑のびんのろうそくは，しばらくすると火が消えてしまいました。このびんには，何が入っていましたか。
（　　　　　）

③ ㋒のびんのろうそくの火は，どのようになりますか。
（　　　　　）

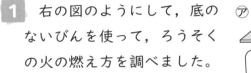

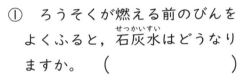

呼吸《こきゅう》のしくみ，食べ物の消化・吸収《きゅうしゅう》

目標時間 20分　学習した日　月　日　名前　得点　100点満点

答え ▶ 125ページ

1 ポリエチレンのふくろを2つ用意し，Ⓐのふくろには空気を入れ，Ⓑのふくろには息をふきこみ，ふくろの口を閉じました。　各8点【24点】

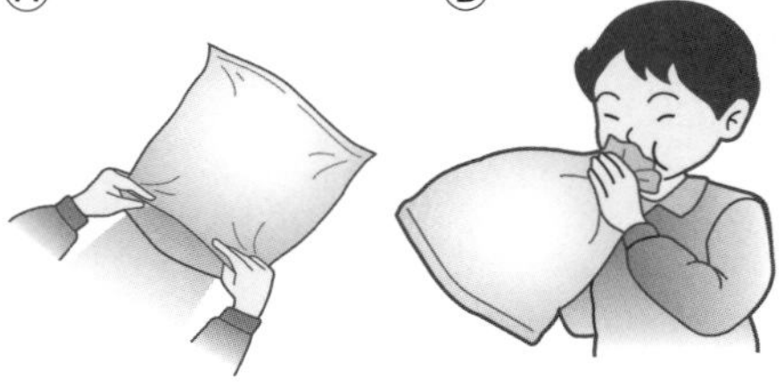

① Ⓑのふくろの内側は，くもりました。これは，ふきこんだ息に何がふくまれているためですか。（　　　　）

② それぞれのふくろに石灰水《せっかいすい》を入れてよくふりました。石灰水はどうなりましたか。次のア～エから選びましょう。（　　　　）

ア　Ⓐのふくろだけ，白くにごった。
イ　Ⓑのふくろだけ，白くにごった。
ウ　Ⓐ，Ⓑ両方のふくろが，白くにごった。
エ　Ⓐ，Ⓑ両方のふくろとも，変化しなかった。

③ ②から，はく息には何という気体が多くふくまれていると考えられますか。（　　　　）

2 右の図は，人の体のある部分を表しています。　各8点【24点】

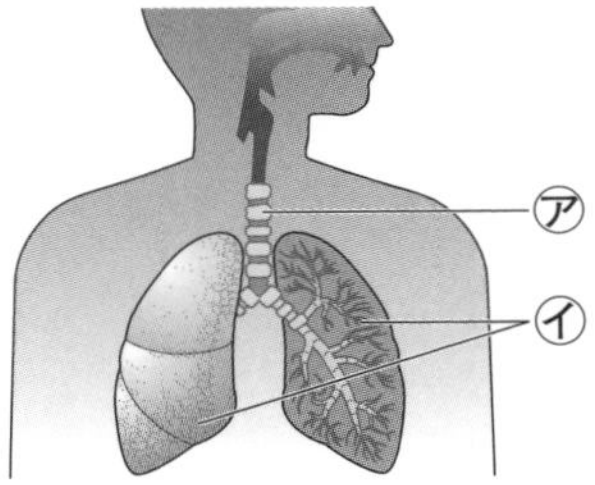

① ㋐，㋑をそれぞれ何といいますか。
㋐（　　　　）
㋑（　　　　）

② 魚の体で，㋑の部分と同じはたらきをするのはどこですか。
（　　　　）

3 右の図のようにした試験管を40℃くらいの湯に10分間つけておいたあと，ヨウ素液を入れて色の変化を調べました。　各8点【16点】

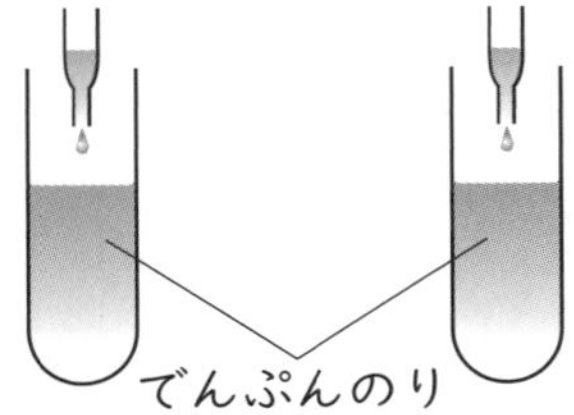

① 10分後，ヨウ素液を入れて色の変化を調べると，色が変化しなかったのは，Ⓐ，Ⓑのどちらですか。（　　　　）

② ①で，色が変化しなかった理由について，正しいものを次のア～ウから選びましょう。（　　　　）

ア　でんぷんがだ液のはたらきで固まってしまったから。
イ　でんぷんがだ液のはたらきで，別のものに変わったから。
ウ　でんぷんが水のはたらきで，うすめられたから。

4 食べ物の養分の吸収について，次の問いに答えましょう。

① 人が食べた物は，次のような通り道を通って，最後に便（ふん）として，こう門から体外に出されます。㋐，㋑にあてはまることばを書きましょう。　各9点【36点】

口→食道→（㋐　　　　）→小腸《しょうちょう》→（㋑　　　　）→こう門

② 食べ物が細かくされ，体に吸収されやすい養分に変えられることを何といいますか。（　　　　）

③ ②のはたらきによりできた養分は，何というところで吸収されますか。（　　　　）

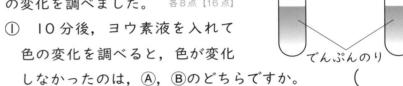

理科 3

血液のはたらき，人のからだ

目標時間 20 分　学習した日　月　日　名前

得点　100点満点

答え ▶ 125ページ

1 右の図は，人のからだの中の血液の流れを表しています。 各6点【42点】

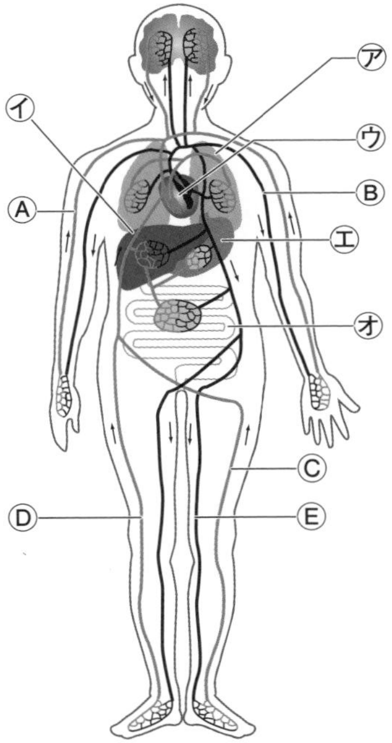

① 心臓《しんぞう》と肺《はい》を表しているのは，それぞれ㋐～㋔のどれですか。

心臓（　　　）

肺（　　　）

② 図のⒶ～Ⓔのうち，酸素の多い血液が流れているのはどこですか。すべて選びましょう。

（　　　　　）

③ 心臓のはたらきを正しく説明しているのは，次のア～ウのどれですか。（　　　）

ア　酸素と二酸化炭素を入れかえるはたらき

イ　食べ物を消化するはたらき

ウ　血液を全身に送るはたらき

④ 肺で血液中にとり入れられるものは何ですか。

（　　　　　）

⑤ 小腸《しょうちょう》で血液中にとり入れられるものは何ですか。

（　　　　　）

⑥ 次の文の（　）にあてはまることばを書きましょう。

じん臓は，血液の中から不要なものをこし出し，（　　　　　）をつくるはたらきをしている。

2 次の文のうち，正しいものには○，まちがっているものには×をつけましょう。 各8点【40点】

ア（　　　）血液は心臓から送り出され，全身をめぐり，やがて心臓にもどってくる。

イ（　　　）血液により運ばれた二酸化炭素は，心臓に運ばれて酸素と入れかわる。

ウ（　　　）血液は，酸素や二酸化炭素，養分や不要なものを運ぶはたらきをしている。

エ（　　　）心臓のはく動数と手首で調べた脈はく数では，脈はく数のほうが多くなる。

オ（　　　）血管は，からだのすみずみにまではりめぐらされている。

3 メダカを使って血液の流れを観察します。 各6点【18点】

① メダカのどの部分を観察するとよいですか。

（　　　　　）

② 観察するときは，チャックつきのポリエチレンのふくろにメダカを入れました。このとき，いっしょに入れるものは何ですか。（　　　　　）

③ 血液は，血管の中をどのように流れていますか。次のア，イから選びましょう。（　　　）

ア　血液が流れる向きは一定ではない。

イ　血液は一定の向きに流れている。

理科 4

植物のからだと養分

目標時間 20 分　学習した日　月　日

名前

得点　100点 満点

答え ▶ 125ページ

1 図１のように，晴れた日の午後に，日光に当てた株《かぶ》Ⓐと前日からおおいをしておいた株Ⓑの葉をとって，図２のようにして，葉にでんぷんがあるかどうかを調べました。　各10点【60点】

図１

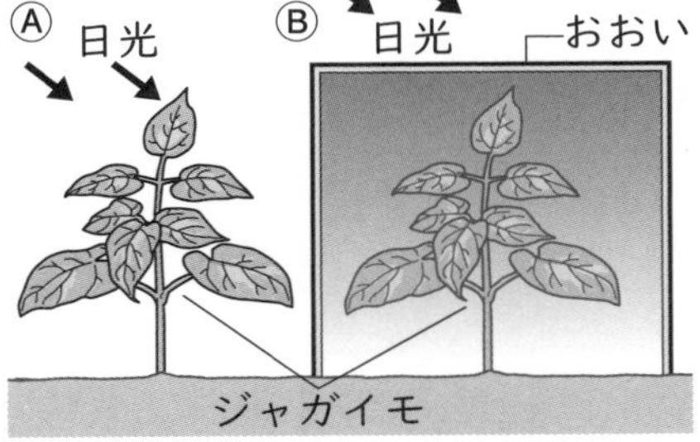

図２

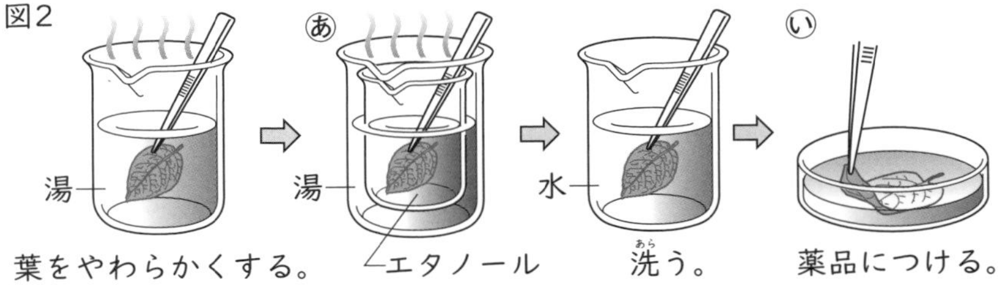

① 図２のあでは，葉をエタノールに入れています。これは，何をするためですか。　(　　　　　　　　)

② 図２のいでは，葉を，でんぷんがあるかどうかを調べる薬品につけます。この薬品は何ですか。　(　　　　　　)

③ 図２のいで，葉を薬品につけると，Ⓐ，Ⓑの葉は，それぞれどうなりましたか。また，でんぷんができていたのは，どちらの葉ですか。

Ⓐ (　　　　　　　　) Ⓑ (　　　　　　　　)

でんぷんができていた葉 (　　　)

④ 次に，株Ⓐにおおいをし，株Ⓑはおおいをとって，翌日《よくじつ》同じように，葉にでんぷんがあるかどうかを調べました。でんぷんができていたのは，Ⓐ，Ⓑの葉のどちらですか。　(　　　)

2 図１のように，ジャガイモの葉の一部におおいをして日光に当て，次の日，図２のようにして葉のどこにでんぷんができるかを調べました。

図１

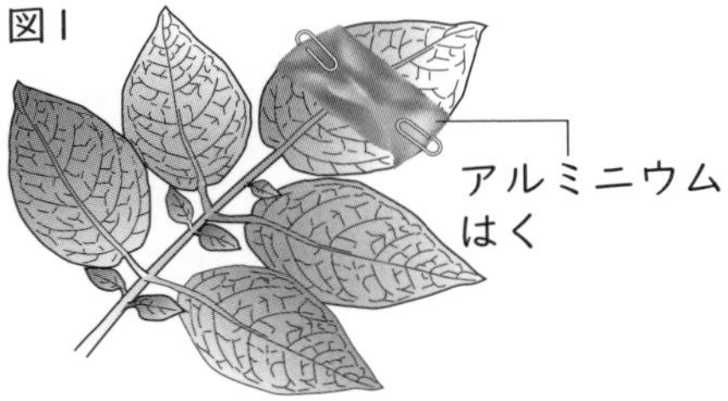

各10点【20点】

図２

① 図２のあで，水の中で洗うのはなぜですか。

(　　　　　　　　　　　　)

② この実験で，青むらさき色になったのは，次のア～ウのどの部分ですか。（青むらさき色になった部分は■で表示。）　(　　　)

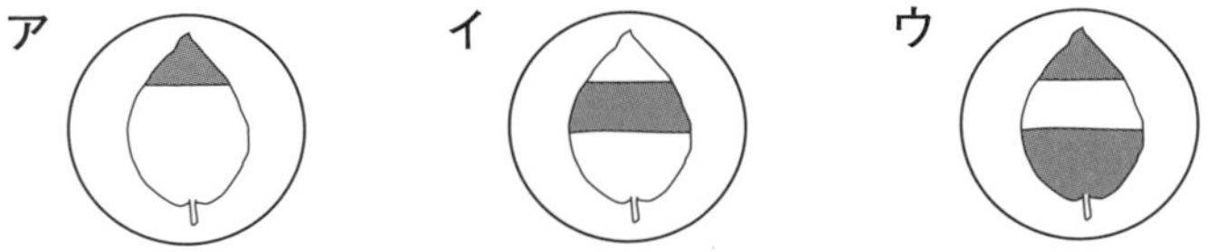

3 次の(　)にあてはまることばを書きましょう。　各5点【20点】

① 植物のからだでは，(　　　　　)から取り入れた水が(　　　　　　)となって，(　　　　　)から外へ出ていく。

② 植物のからだから，水が水蒸気《すいじょうき》になって出ていくことを(　　　　　)という。

理科 5

生物のくらしとかんきょう

目標時間 20 分

学習した日　月　日

名前

得点

100点 満点

答え ▶ 125ページ

1 次の実験について，あとの問いに答えましょう。 各6点【36点】

【実験1】 図1のように，ジャガイモの葉にふくろをかぶせ，小さな穴《あな》をあけて息をふきこみ，ふくろの中の酸素と二酸化炭素の体積の割合《わりあい》を気体検知管で調べる。

図1

【実験2】 1のふくろの穴をふさぎ，日光に当て，1時間後に中の酸素と二酸化炭素の体積の割合を気体検知管で調べる。

図2

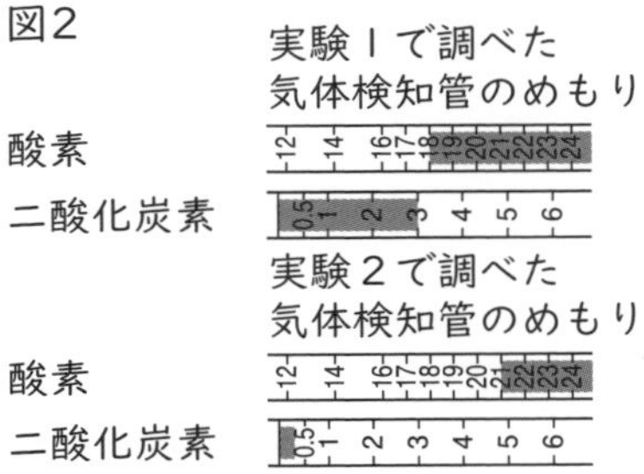

① 1のあとのふくろの中の酸素と二酸化炭素の割合は，ふきこむ前と比べてどうなりましたか。

酸素(　　　　　　)　　二酸化炭素(　　　　　　)

② 2のあとのふくろの中の酸素と二酸化炭素の割合はどうなりましたか。図2を見て答えましょう。

酸素(　　　　　　)　　二酸化炭素(　　　　　　)

③ 次の文の(　)にあてはまることばを書きましょう。

この実験から，植物は，日光が当たると，(㋐　　　　　　)をとり入れて(㋑　　　　　　)を出していることがわかった。

2 水中の小さな生物で，他の生物を食べる生物3つに○をつけましょう。 【全部できて6点】

ミカヅキモ(　)　ミジンコ(　)

アオミドロ(　)　ゾウリムシ(　)

ツボワムシ(　)

3 次の図は，動物，植物と空気のかかわりを表しています。あ～かの矢印は，酸素か二酸化炭素のどちらかの移動を示しています。あてはまる気体の名前をそれぞれ書きましょう。 各5点【30点】

あ(　　　　　　)　い(　　　　　　)　う(　　　　　　)

え(　　　　　　)　お(　　　　　　)　か(　　　　　　)

4 右の図は，動物と植物との食べ物を通したつながり(食物連《しょくもつれん》さ)を表しています。Ⓐ～Ⓓにあてはまるものを，次のア～エからそれぞれ選びましょう。 各7点【28点】

ア　草　　　イ　ヘビ

ウ　カエル　　エ　バッタ

Ⓐ(　　　　)　Ⓑ(　　　　)

Ⓒ(　　　　)　Ⓓ(　　　　)

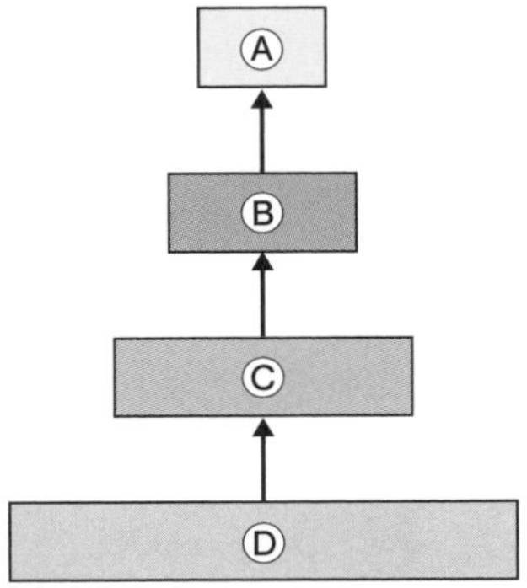

矢印は「食べられる生物 ⟶ 食べる生物」を表しています。

理科 6

確認《かくにん》テスト①

目標時間 20 分

学習した日　　月　　日

名前

得点

100点 満点

答え ▶ 126ページ

1 右の図は，空気の成分を体積の割合《わりあい》で表したものです。

各９点【36点】

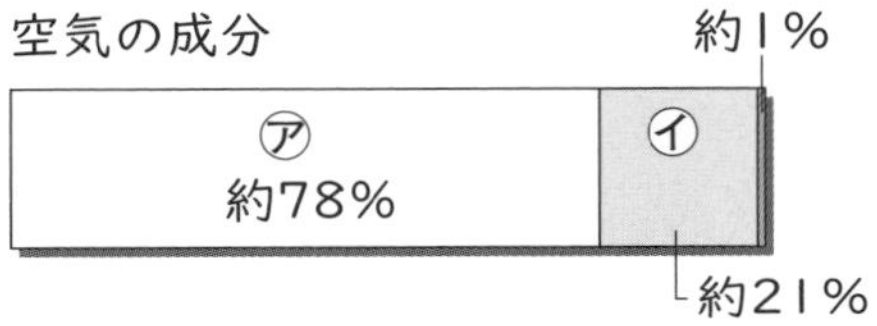

① ㋐，㋑の気体は何ですか。それぞれ名前を書きましょう。

㋐（　　　　　　　）　㋑（　　　　　　　）

② ふたをしたびんの中でろうそくを燃やしました。びんの中の空気の成分を調べると，燃やす前に比べて㋐，㋑の気体の体積は，それぞれどのようになっていますか。

㋐（　　　　　　　）　㋑（　　　　　　　）

2 右の図は，人の消化に関係する部分を表したものです。

各８点②は全部できて８点【56点】

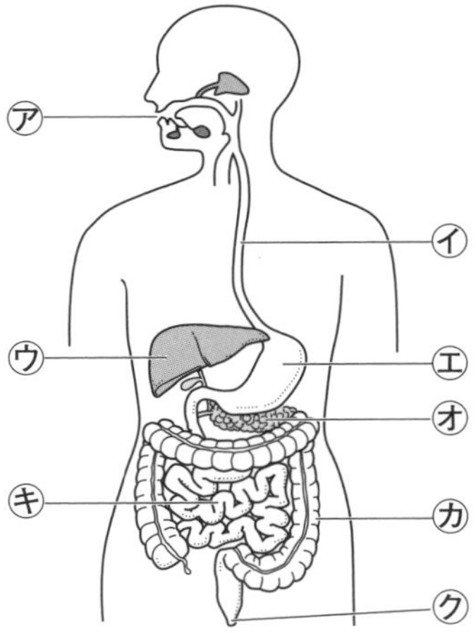

① ㋑，㋓，㋕，㋖をそれぞれ何といいますか。名前を書きましょう。

㋑（　　　　　　　）

㋓（　　　　　　　）

㋕（　　　　　　　）

㋖（　　　　　　　）

② 図の記号を使って，㋐から始まる，食べ物が通る道すじを完成させましょう。

㋐→(あ　　　　)→(い　　　　)→(う　　　　)

→(え　　　　)→(お　　　　)

③ 小腸《しょうちょう》のはたらきは，次のア～ウのどれですか。（　　　　）

ア　消化された養分を吸収《きゅうしゅう》する。

イ　だ液を出す。

ウ　二酸化炭素を吸収する。

はってん

④ 右の図は，小腸の内側にある細かいとっきです。このようなつくりは，どんなことにつごうがよいですか。次のア～ウから選びましょう。（　　　　）

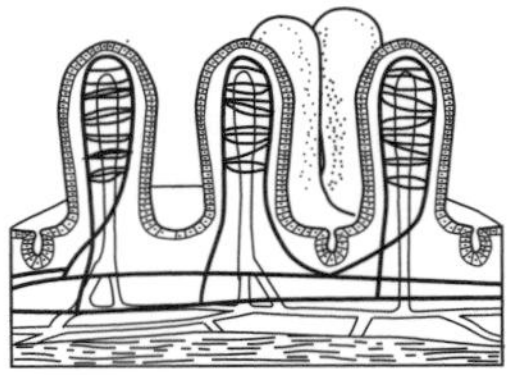

ア　表面積が大きくなるので，吸収したいものだけ吸収できる。

イ　表面積が大きくなるので，吸収しやすくなる。

ウ　表面積が大きくなるので，ゆっくり吸収できる。

3 植物のからだと養分についての次の文で，正しいものをすべて選びましょう。

【８点】

（　　　　　　　）

ア　植物の葉に日光が当たると，でんぷんができる。

イ　暗いところに置いても，植物はでんぷんをつくることができる。

ウ　葉でできたでんぷんは，いつまでも葉に残っていて，どこにも運ばれない。

エ　葉でできたでんぷんは，水にとけるものに変わって，植物の体全体に運ばれる。

オ　でんぷんは，いもや種子にたくわえられる。

月と太陽

目標時間 20分　学習した日　月　日　名前

得点　100点満点

答え ▶ 126ページ

1 次の図は，いろいろな月の形を表しています。あとの問いに答えなさい。　各8点【32点】

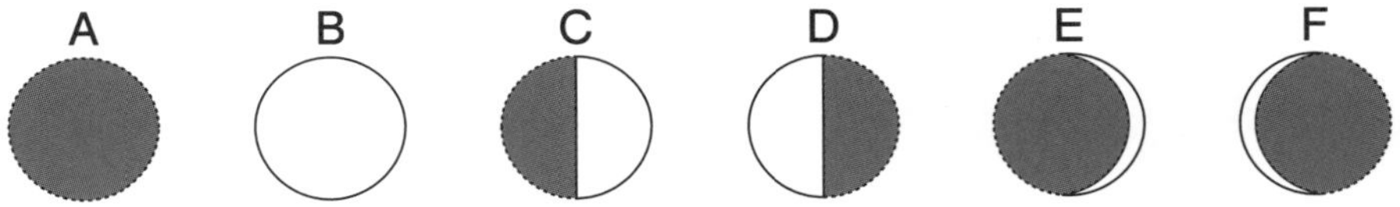

① A，Bの月をそれぞれ何といいますか。

A（　　　　　　）　B（　　　　　　）

② 夕方，南の空に見える月はA～Fのどれですか。

（　　　　）

③ Aの月が，再びAの形になるまでどのように変化しますか。次のア～エから選びましょう。（　　　　）

ア　A→F→D→B→C→E→A

イ　A→E→C→B→D→F→A

ウ　A→F→C→B→D→E→A

エ　A→E→D→B→F→C→A

2 月と太陽について，次の問いに答えましょう。　各10点【20点】

① 月と太陽の光り方で，正しいものを選びましょう。（　　　　）

ア　月も太陽も自ら光っている。

イ　月は自ら光らないが，太陽は自ら光っている。

ウ　月は自ら光っているが，太陽は自ら光らない。

② 月の表面には，円形のくぼみがあります。このくぼみを何といいますか。（　　　　）

3 図1は，地球のまわりを回る月の位置を示したものです。次の問いに答えましょう。　各8点【48点】

図1

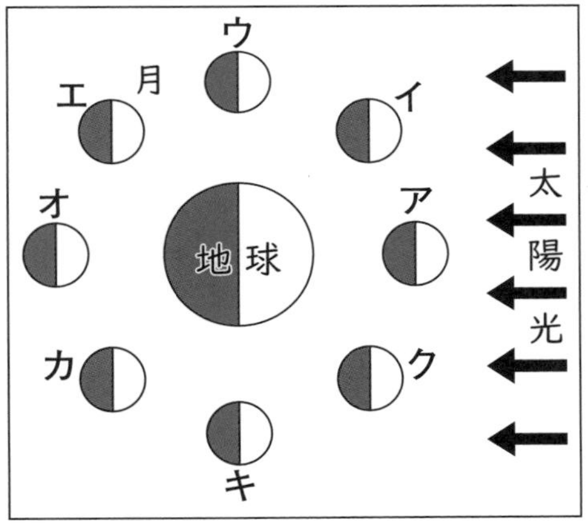

図2

① 満月になるのは，月がア～クのどの位置にあるときですか。

（　　　　）

② 満月は，太陽がしずんだあとすぐ，東・西・南・北のどの方角に見えますか。

（　　　　）

③ 右半分が光って見える半月になるのは，月がア～クのどの位置にあるときですか。

（　　　　）

④ 右半分が光って見える半月は，太陽がしずんだあとすぐ，東・西・南・北のどの方角に見えますか。（　　　　）

⑤ アの位置にあるときの月を何といいますか。

（　　　　）

⑥ ある日，西の空に図2のような月が見えました。この月を何といいますか。（　　　　）

大地のつくり

目標時間 20分　学習した日　月　日

名前

得点　100点 満点

答え ▶ 126ページ

1 右の図の装置《そうち》で，砂《すな》とどろを混ぜた土をといに置き，水そうに流しこみます。しばらくして土がしずみきったら，もう一度土を水そうに流しこみます。　各 10 点【20 点】

① 水そうに流しこんだ土は，どのように積もりますか。次のア～エから選びましょう。　(　　　　)

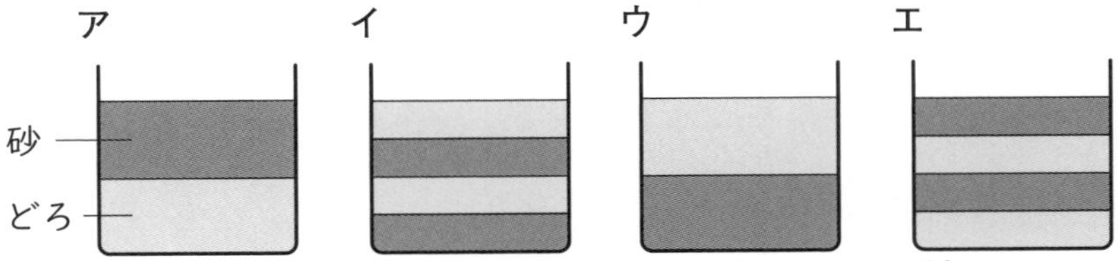

② 自然の中で，れき，砂，どろなどが，①のように層《そう》になって積み重なっているものを，何といいますか。(　　　　　　　　)

2 次の文は，地層《ちそう》をつくっているつぶや岩石について説明したものです。それぞれのつぶや岩石の名前を書きましょう。　各 8 点【24 点】

あ 角ばったつぶが多く，とうめいなガラスのかけらのようなものをふくむ。　(　　　　　　)

い どろなどの細かいつぶが固まってできる。けずると粉のようになる。　(　　　　　　)

う 丸みを帯びたれきが，砂などといっしょに固まってできる。　(　　　　　　)

3 次の図は，あるがけに見られる地層のようすを観察してスケッチしたものです。　各 8 点【56 点】

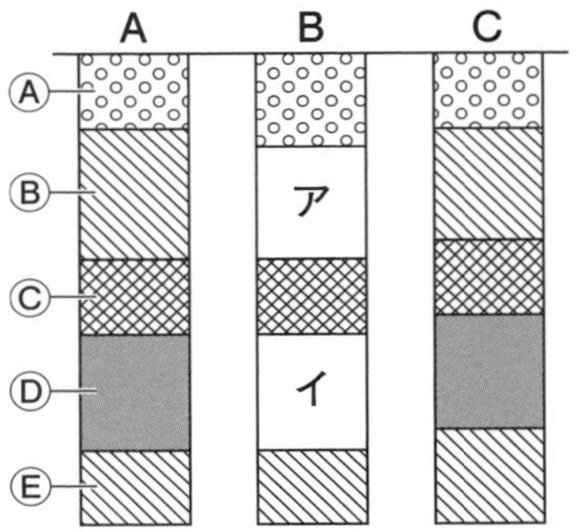

地層	つぶや石のようす
Ⓐ	れきや砂のつぶが混じっている。
Ⓑ	砂のつぶ
Ⓒ	砂よりも細かいつぶ
Ⓓ	つぶを水で洗《あら》って調べると角ばっていた。小さな穴《あな》があいた石があった。
Ⓔ	砂のつぶ

① B地点のア，イの層は，どのような層だと考えられますか。Ⓐ～Ⓔの層からそれぞれ選びましょう。

ア (　　　　)　イ (　　　　)

② Ⓐ～Ⓔの層のうち，でい岩と火山灰《かざんばい》の層はそれぞれどれですか。　でい岩の層 (　　　　)　火山灰の層 (　　　　)

③ れき・砂・どろは，つぶの何によって区別されていますか。

(　　　　　　)

④ 地層から，大昔の生物の体や生活のあとなどが見つかることがあります。このようなものを，何といいますか。

(　　　　　　)

⑤ このがけの地層から，右の図のような大昔の生物の体が見つかりました。この生物の名前を書きましょう。

(　　　　　　)

火山・地しんによる大地の変化

1 右の図は，火山がふん火しているようすを表しています。 各 20 点【60 点】

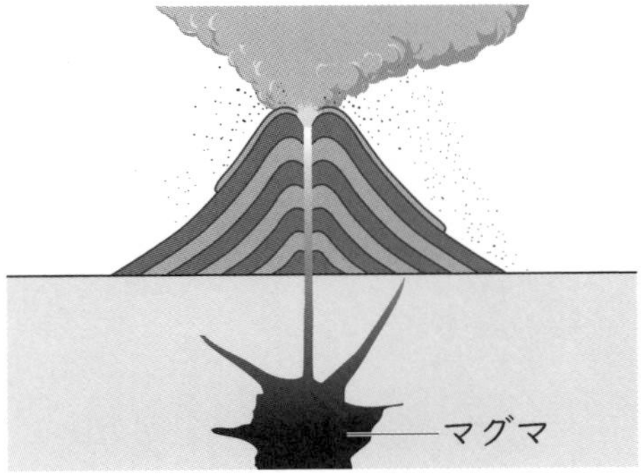

① 次の文は，右の図のふん火について説明しています。（　）にあてはまることばを，下のア～オから選びましょう。

火山の地下にあるマグマは，高温でどろどろしている。火山がふん火すると，このマグマが火口から流れ出して
(あ　　　　　)となる。また，火山ガスがふき出したり，
(い　　　　　)が広いはんいに降《ふ》ったりすることがある。

ア　れき岩　　イ　火山灰《かざんばい》
ウ　よう岩　　エ　でい岩
オ　砂岩《さがん》

② 火山活動によって，どのようなめぐみがもたらされますか。次のア～オからすべて選びましょう。 (　　　　　)

ア　水はけのよい火山灰をふくむ土地は，作物の栽培《さいばい》に適している。
イ　わき出た温泉《おんせん》は，観光に利用できる。
ウ　大雨がもたらされて，水不足が解消される。
エ　作物の上に降《ふ》り積もった火山灰は，肥料として役立つ。
オ　火山の熱から，電気をつくることができる。

2 地しんによる大地の変化について，次の問いに答えましょう。 各 10 点【40 点】

① 右の写真は，地しんによってできた大地のずれです。これを何といいますか。

(　　　　　)

② 下の写真は，大きな地しんによる地表の変化です。それぞれの変化を何といいますか。次のア～ウから選びましょう。

Ⓐ

(　　　　　)

Ⓑ

(　　　　　)

ア　土砂《どしゃ》くずれ　　イ　地割《じわ》れ　　ウ　ふん火

③ 日本は地しんの多い地域《ちいき》で，大きな地しんが起こるとわたしたちに重大なえいきょうが出ることがあります。日ごろからどのようにしておくとよいですか。次のア～ウから選びましょう。
(　　　)

ア　毎日，ちがうひなん場所を決めておく。
イ　ひなん訓練をしたり，飲み水や非常食を準備したりする。
ウ　できるだけ外出しない。

理科 10

てこのつり合いのしくみ

目標時間 20 分　学習した日　月　日　名前

得点　100点満点

答え ▶ 126ページ

1 下の図は，じょうぶで長い棒《ぼう》を使って，砂《すな》の入ったふくろを持ち上げているところです。　各7点【56点】

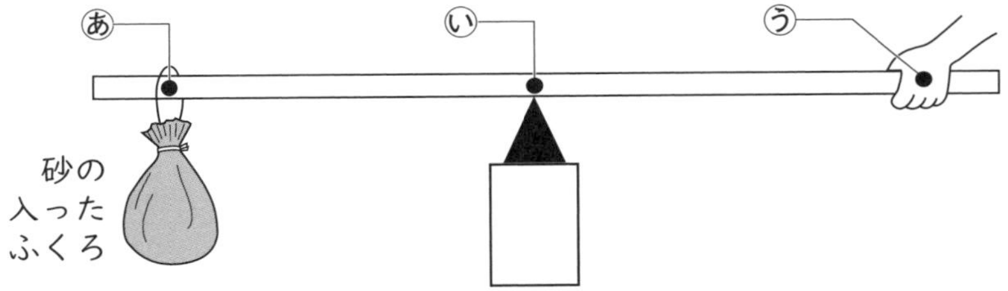

① 図のように，棒の１点を支えにして，棒の一部に力を加えてものを動かしたりするものを何といいますか。
(　　　　　　)

② あ～うのうち，次の点はどこですか。

棒を支えている点 (　　　)

ものに力がはたらいている点 (　　　)

棒に力を加えている点 (　　　)

③ あ～うの点をそれぞれ何といいますか。

あ (　　　　　) い (　　　　　)

う (　　　　　)

④ より小さな力でふくろを持ち上げることができるのは，次のどのときですか。ア～エからすべて選びましょう。
(　　　　)

ア あをいに近づける。　イ うをいに近づける。

ウ あとうはそのままで，いをあに近づける。

エ あとうはそのままで，いをうに近づける。

2 実験用てこに，１個の重さが同じおもりをつるして，つり合いを調べました。　各8点【24点】

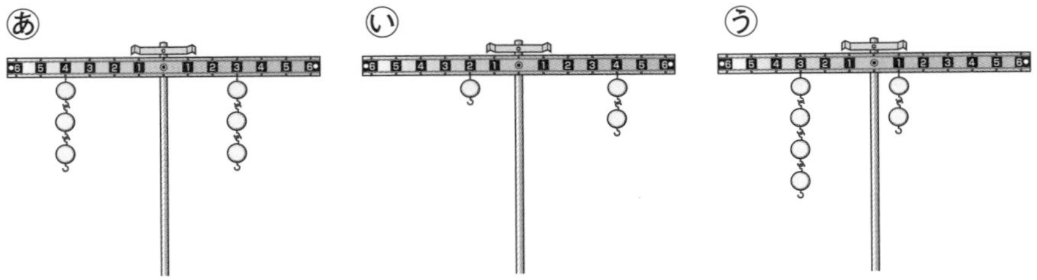

① 右にかたむくてこは，あ～うのどれですか。　(　　　)

② あのてこを水平にするには，右のうでのおもりにあと何個おもりをつるせばよいですか。　(　　　)

③ うのてこを水平にするには，右のうでのおもりを１～６のどのめもりにつるしかえればよいですか。(　　　)

3 てこを利用した道具について，次の問いに答えましょう。　各10点【20点】

① 次の図で，力点《りきてん》が支点《してん》と作用点《さようてん》の間にある道具はどれですか。すべて選びましょう。　(　　　)

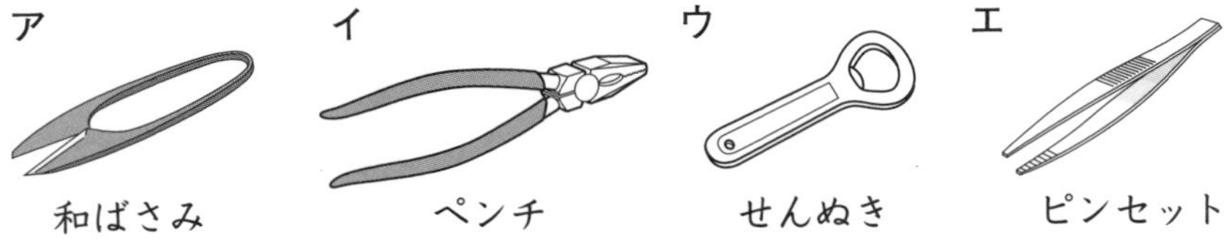

② はさみで厚紙を切るとき，小さい力で切るにはどのようにするとよいですか。(　　　　　　)

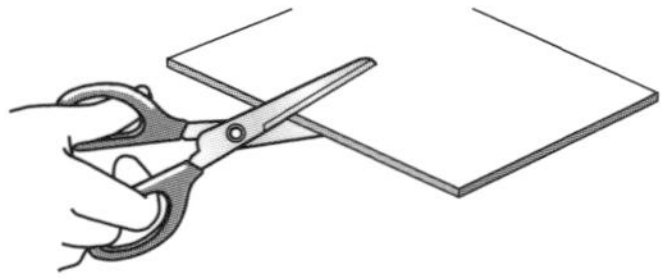

確認《かくにん》テスト②

目標時間 20 分

学習した日　　月　　日

名前

得点

100点 満点

答え ▶ 127ページ

1 右の図は，ある場所のがけのようすを表しています。

各 10 点【50 点】

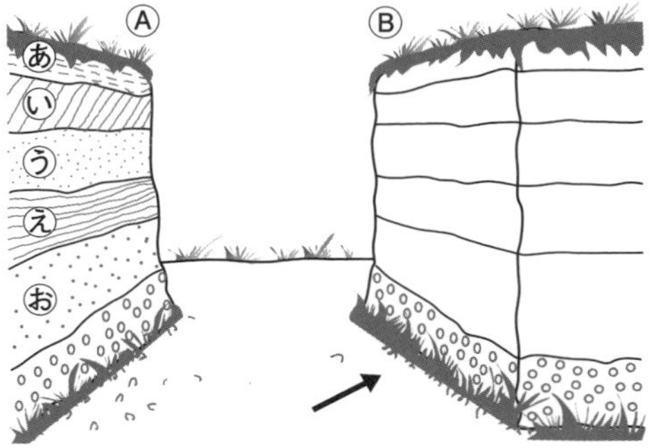

（↑から見たようすで表してある）

① がけⒷは，どのようになっていると考えられますか。次のア～ウから選びましょう。（　　　）

ア

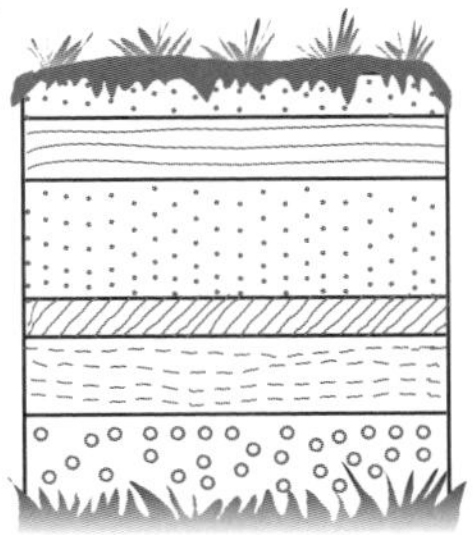

イ

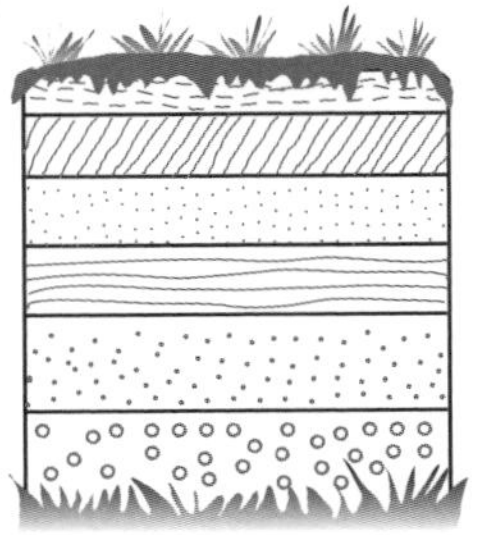

ウ

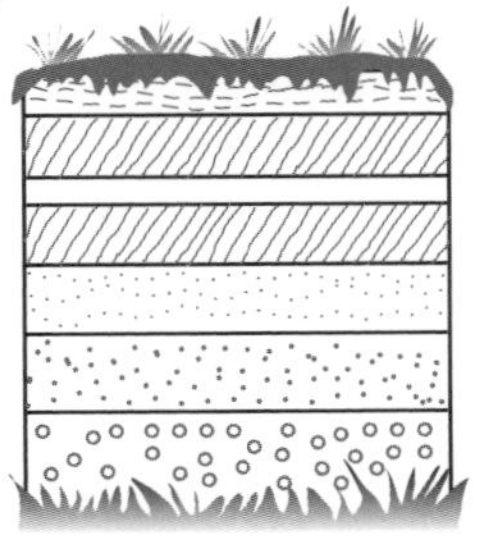

② 下の図は，がけⒶのあ，う，おの層《そう》からとり出した岩石を拡《かく》大《だい》したものです。それぞれの岩石の名前を書きましょう。

あ

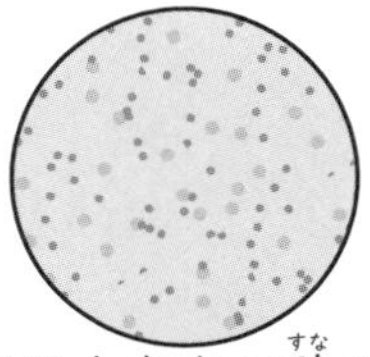

同じ大きさの砂《すな》のつぶでできている。

（　　　　）

う

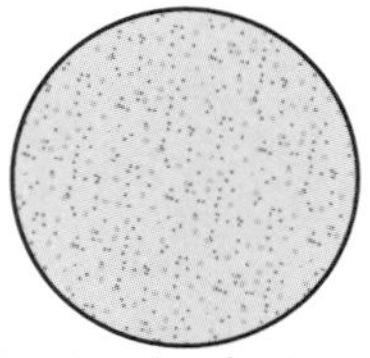

どろなどの細かいつぶでできている。

（　　　　）

お

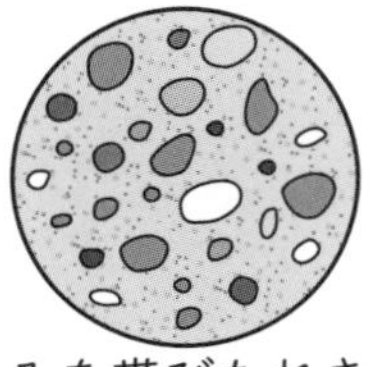

丸みを帯びたれきや砂でできている。

（　　　　）

③ いの層では，角ばったつぶが見られました。この層は，何の層と考えられますか。（　　　　）の層

2 てこのはたらきについて調べます。

各 10 点【30 点】

① 右の図のときよりも，小さな力でふくろを持ち上げることができるのは，次のア～エのどの場合ですか。すべて選びましょう。

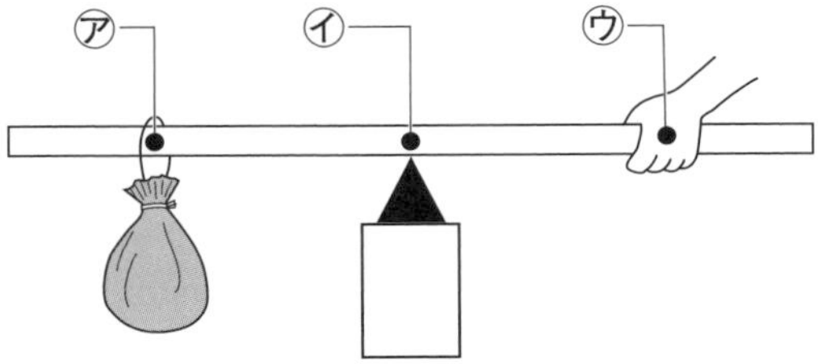

（　　　　）

ア　アをイに近づける。　　イ　ウをイに近づける。

ウ　アをイから遠ざける。　エ　ウをイから遠ざける。

② ①からわかることを説明した次の文の（　）に，あてはまることばを書きましょう。

小さい力でものを持ち上げるには，支点《してん》から力点《りきてん》までのきょりを（　　　　）し，作用点《さようてん》から支点までのきょりを（　　　　）する。

3 右の図のように，左のうでの４のめもりに 10 g のおもりが３個つるしてあります。

各 10 点【20 点】

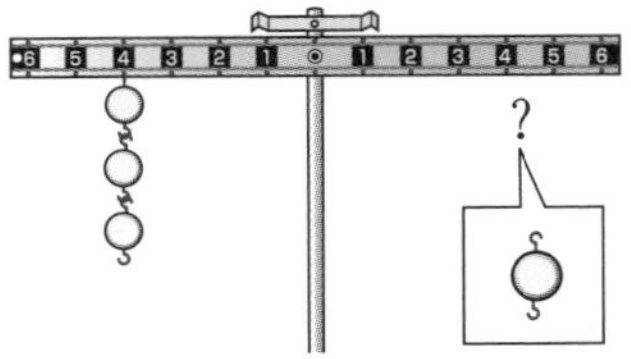

① 20 g のおもりを１個つるして，てこを水平にするには，右のうでのどのめもりにつるしますか。（　　　　）

② 重さのわからないおもりを１個用意して，右のうでの２のめもりにつるしたら，てこが水平になりました。このおもりの重さは何 g ですか。（　　　　）

理科 12

水よう液にとけているもの

目標時間 20 分　学習した日　月　日

名前

得点　100点 満点

答え ▶ 127ページ

1 Ⓐ～Ⓒの３本の試験管に，少量の水よう液が入っていますが，それぞれ石灰水《せっかいすい》，食塩水，うすい塩酸のどれが入っているかわかりません。表は，Ⓐ～Ⓒの水よう液をリトマス紙で調べた結果です。

水よう液	赤色リトマス紙	青色リトマス紙
Ⓐ	青色に変化した	変化しない
Ⓑ	変化しない	変化しない
Ⓒ	変化しない	赤色に変化した

各８点，③は各７点【46点】

① リトマス紙を使うとき，してはいけないことを，次のア～オからすべて選びましょう。　(　　　　　)

ア　水よう液の中にリトマス紙を入れて，変化を調べる。

イ　水よう液は，ガラス棒《ぼう》でリトマス紙のはしにつける。

ウ　リトマス紙は，ピンセットで持つ。

エ　リトマス紙は，洗《あら》ったあとの手なら持ってもよい。

オ　ガラス棒は，１回ごとに新しい水で洗う。

② リトマス紙の変化からわかるⒶ～Ⓒの水よう液の性質と，水よう液の名前をそれぞれまとめた次の文の(　)に，あてはまることばを書きましょう。

性質と名前の両方できて（８点）

Ⓐは，(　　　　　)性なので，(　　　　　)である。

Ⓑは，(　　　　　)性なので，(　　　　　)である。

Ⓒは，(　　　　　)性なので，(　　　　　)である。

③ 次のア～ウのうち，Ⓐ，Ⓒの水よう液と同じ性質の水よう液を選びましょう。　Ⓐ(　　　)　Ⓒ(　　　)

ア　アンモニア水　　イ　す　　ウ　さとう水

2 右の図のようにして，次の５種類の水よう液を少量とって，加熱しました。

各９点【54点】

・石灰水　・アンモニア水

・食塩水　・炭酸水　・うすい塩酸

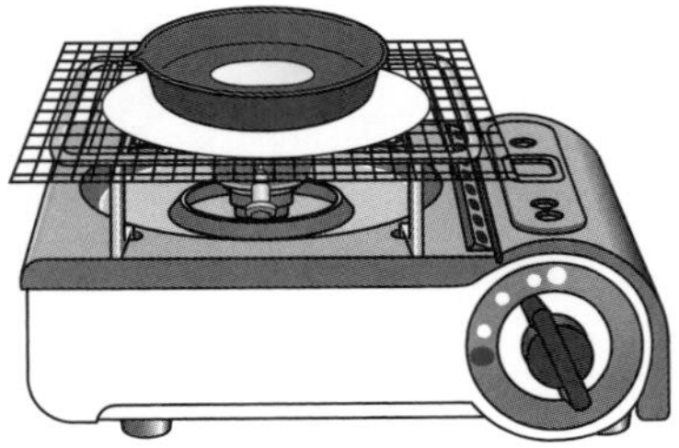

① 炭酸水，うすい塩酸は，それぞれ何がとけた水よう液ですか。

炭酸水　(　　　　　)

うすい塩酸　(　　　　　)

② 水よう液のにおいをかぐときは，どのようにしたらよいですか。次の図のア，イから選びましょう。　(　　　)

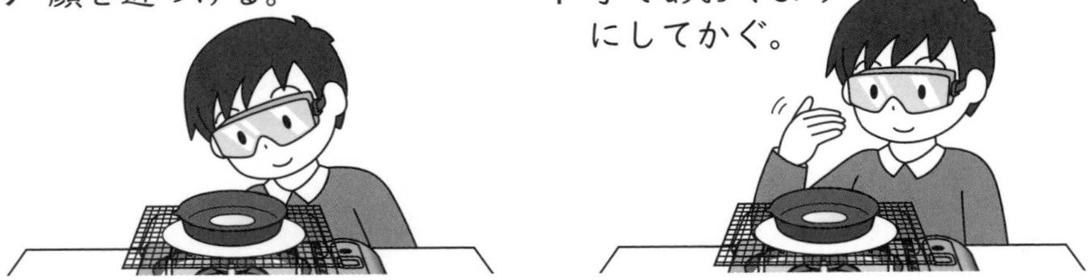

ア 顔を近づける。
イ 手であおぐようにしてかぐ。

③ 加熱すると，強いにおいがする水よう液はどれですか。すべて書きましょう。　(　　　　　)

④ 水を蒸発《じょうはつ》させると，あとに白い固体が残る水よう液があります。その水よう液の名前をすべて書きましょう。

(　　　　　)

⑤ 水を蒸発させると，あとに何も残らない水よう液があります。その水よう液の名前をすべて書きましょう。

(　　　　　)

金属と水よう液

目標時間 20 分　学習した日　月　日

名前

得点　100点 満点

答え ▶ 127ページ

1 右の図のように，うすい塩酸の入った試験管Ⓐにはアルミニウムはくを，Ⓑにはスチールウール(鉄)を入れ，そのようすを調べました。

各7点【49点】

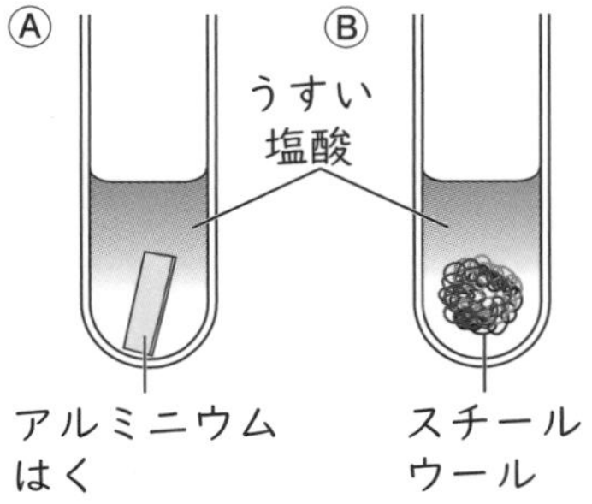

① 試験管Ⓐ，Ⓑには，どんなようすが見られますか。次のア，イからそれぞれ選びましょう。

Ⓐ (　　　) Ⓑ (　　　)

ア 変化しなかった。　イ 金属があわを出してとけた。

② 数日後，Ⓐ，Ⓑの液をろ過して，そのろ液を蒸発皿《じょうはつざら》で蒸発させました。このときのようすを，次のア～オからそれぞれ選びましょう。

Ⓐ (　　　) Ⓑ (　　　)

ア アルミニウムが残った。　イ 鉄が残った。

ウ 白い固体が残った。　エ 黄色い固体が残った。

オ 何も残らなかった。

③ ②で，Ⓐ，Ⓑのろ液を蒸発させて出てきた固体を，それぞれ水の入った試験管に入れました。このときのようすを，次のア，イからそれぞれ選びましょう。

Ⓐ (　　　) Ⓑ (　　　)

ア あわを出さずにとけた。　イ あわを出してとけた。

④ この実験からわかることは，次のどちらですか。(　　　)

ア 金属をちがうものに変化させる水よう液がある。

イ 金属の性質は塩酸にとけたあとも変化しない。

2 うすい塩酸，食塩水，水酸化ナトリウム水よう液のどれかが入った試験管が2本ずつあり，3種類の水よう液をⒶ，Ⓑ，Ⓒとして，下の図のようにアルミニウムと鉄を入れました。表は，それぞれの試験管で見られた変化をまとめたものです。

各9点【27点】

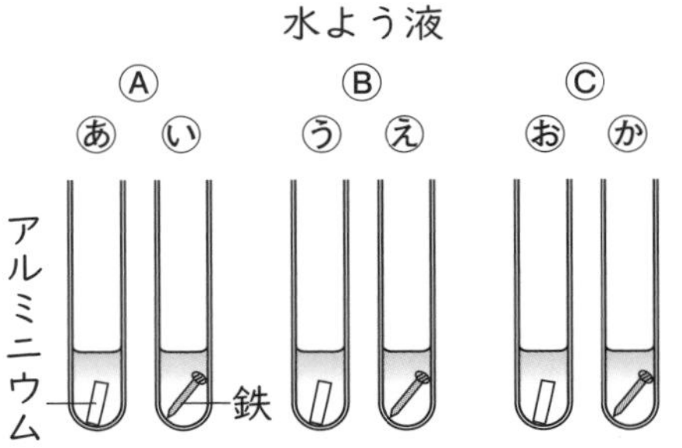

Ⓐ	あ	変化なし。
	い	変化なし。
Ⓑ	う	あわを出してとけた。
	え	変化なし。
Ⓒ	お	あわを出してとけた。
	か	あわを出してとけた。

表から，Ⓐ～Ⓒの水よう液の名前をそれぞれ書きましょう。

Ⓐ (　　　　) Ⓑ (　　　　)

Ⓒ (　　　　)

3 うすい塩酸と水酸化ナトリウム水よう液を混ぜ合わせるとどのようになるか調べます。

各8点【24点】

① うすい塩酸と水酸化ナトリウム水よう液は，それぞれ何性ですか。

うすい塩酸 (　　　　)

水酸化ナトリウム水よう液 (　　　　)

② ある量のうすい塩酸と水酸化ナトリウム水よう液を混ぜ合わせた水よう液にアルミニウムを入れても，アルミニウムはとけませんでした。この液は，何性ですか。

(　　　　)

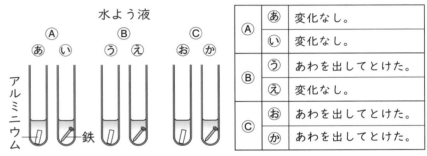

答え ▶ 127ページ

発電と電気の利用

1 次の文の(　)にあてはまることばを書きましょう。　各5点【20点】

① 手回し発電機では，ハンドルを回すと(　　　　　　)をつくることができます。

② 手回し発電機にモーターをつないでハンドルを時計回りに回しました。次にハンドルを逆回りに回すと，モーターの回る向きは(　　　　　　)になります。

③ 手回し発電機に豆電球をつないでハンドルを速く回すと，豆電球の明かりは(　　　　　　)なります。

④ 手回し発電機で豆電球に明かりをつけるとき，電気を(　　　　　　)に変えています。

2 手回し発電機とコンデンサーを使って，次のような実験をしました。あとの問いに答えましょう。　各10点【20点】

実験　手回し発電機にコンデンサーをつないで，ハンドルを50回回したあと，豆電球をコンデンサーにつなぎました。次に，手回し発電機にコンデンサーをつないで，ハンドルを50回回したあと，発光ダイオードをコンデンサーにつなぎました。

① 明かりがついている時間が長いのは，豆電球，発光ダイオードのどちらですか。

(　　　　　　)

② 豆電球と発光ダイオードでは，電気を効率的に使っているのはどちらですか。

(　　　　　　)

3 次のア～オの文で，光電池だけにあてはまるものには○，かん電池だけにあてはまるものには△，両方にあてはまるものには□をつけましょう。　各6点【30点】

ア (　　)光を当てると，くり返して使える。
イ (　　)つなぐ向きを逆にすると，電流の向きも逆になる。
ウ (　　)くり返して使うと，やがて使えなくなる。
エ (　　)光の強さで，電流の大きさが変わる。
オ (　　)電流は，+極《プラスきょく》から出て，−《マイナス》極に入る向きに流れる。

4 自動ドアのプログラムを考えます。　各10点【30点】

① このプログラムの条件や動作として，Ⓐ，Ⓑにあてはまるものを，次のア～エからそれぞれ選びましょう。　Ⓐ(　　)　Ⓑ(　　)

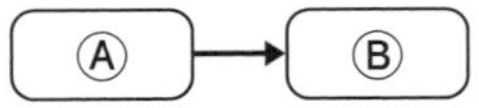

ア 暑い　　イ ドアが開く
ウ 人が近づく　　エ 音楽が流れる

次に，必要なときだけ明かりがつくプログラムを考えます。

② 人が近づいて，しかも，暗かったら明かりをつけるプログラムを，次のア，イから選びましょう。　(　　)

ア
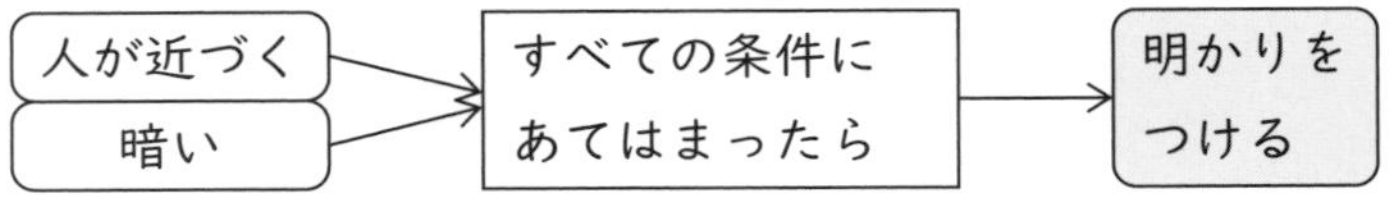

イ
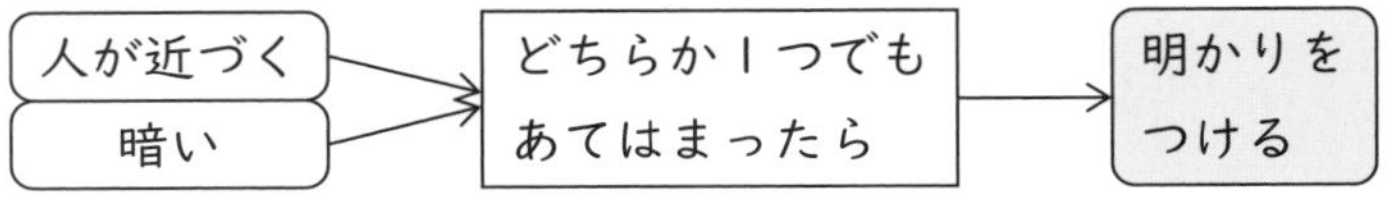

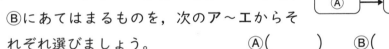

理科 15

人と自然かんきょう

目標時間 20 分

学習した日　　月　　日

名前

得点

100点 満点

答え ▶ 127ページ

1 わたしたちと空気とのかかわりについて，次の問いに答えましょう。　各10点【40点】

① ろうそくの火が燃えるときに使われる気体は何ですか。

(　　　　　　)

② 人や動物が呼吸《こきゅう》するときに，体の中にとり入れられる気体は何ですか。

(　　　　　　)

③ 火力発電所で電気を起こすとき，燃料の石油を燃やすと出てくるおもな気体は何ですか。

(　　　　　　)

④ 日光に当たると，酸素をつくり出すことができるのは動物と植物のどちらですか。

(　　　　　　)

2 水をよごさないためのくふうとして，正しいものには○を，まちがっているものには×をつけましょう。　各6点【18点】

① (　　　　)料理で使った油は，そのまま下水に流さずに，固めてからごみとして捨《す》てるようにする。

② (　　　　)自然の護岸より，コンクリートで固めた護岸のほうが，川の水をきれいにすることに役立っている。

③ (　　　　)下水処理場《げすいしょりじょう》では，よごれた水をきれいにしてから川にもどしている。

3 かんきょうを守るために行われているくふうについて，次の問いに答えましょう。　各7点【42点】

① 次のⒶ～Ⓓは，どのようなことに役立ちますか。下のア～ウからそれぞれ合うものを選びましょう。

Ⓐ 風力発電

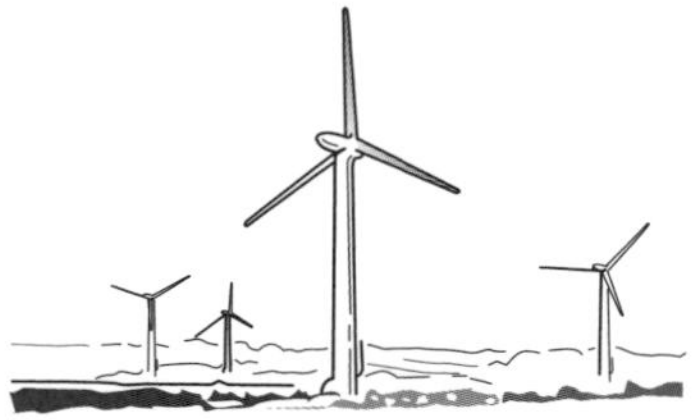

(　　　　)

Ⓑ 下水処理場

(　　　　)

Ⓒ 燃料電池自動車

(　　　　)

Ⓓ 再生紙製品

(　　　　)

ア 空気がよごれるのを防ぐ。

イ 川や海の水がよごれるのを防ぐ。

ウ 森林の木が切られすぎるのを防ぐ。

② 電気自動車についての次の文の(　)に，あてはまることばを書きましょう。

　電気自動車は，ガソリンを燃やすかわりに(あ　　　　　　)で動くので，空気中に(い　　　　　　)を出さない。

確認《かくにん》テスト③

目標時間 20 分

学習した日　月　日

名前

得点

100点 満点

答え ▶ 127ページ

1 次のア～クの水よう液の性質について，下の問いに答えましょう。①は記号で答えなさい。　各 8 点【56 点】

ア　食塩水　　イ　石灰水《せっかいすい》　　ウ　す

エ　炭酸水　　オ　さとう水　　カ　うすい塩酸

キ　水酸化ナトリウム水よう液　　ク　アンモニア水

① ア～クの水よう液を，酸性・中性・アルカリ性に分けましょう。

酸性（　　　　　）

中性（　　　　　）

アルカリ性（　　　　　）

② 炭酸水にふくまれている気体を，水を入れたペットボトルに入れてよくふると，どのようになりますか。右の図のア～ウから選びましょう。（　　　）

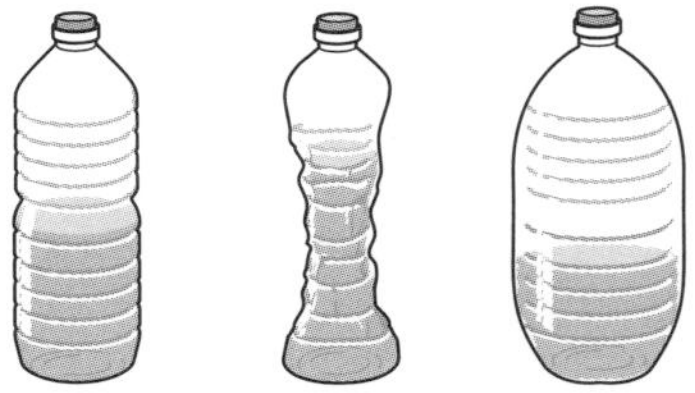

③ うすい塩酸にアルミニウムがとけた液をろ過し，そのろ液を少量蒸発皿《じょうはつざら》にとって，蒸発させました。あとに残った固体は，次のア，イのどちらですか。（　　　）

ア　アルミニウムと同じ性質をもつ。

イ　アルミニウムとは別の性質をもつ。

④ ③で蒸発皿に残った固体を，水の中に入れるととけますか。

（　　　　　）

⑤ ③で蒸発皿に残った固体を，うすい塩酸に入れるとどうなりますか。（　　　　　）

2 電気はいろいろなものに変えられて利用されています。次の①～④のように変えて使っているものは何ですか。下のア～キから，あてはまるものを記号ですべて選びましょう。

各 9 点【36 点】

① 電気を音に変えて利用している。

（　　　　　）

② 電気を光に変えて利用している。

（　　　　　）

③ 電気を熱に変えて利用している。

（　　　　　）

④ 電気を運動（動き）に変えて利用している。

（　　　　　）

ア　豆電球　　イ　電気アイロン　　ウ　ブザー

エ　電気そうじ機　　オ　せん風機

カ　オーブントースター　　キ　電車

3 かんきょうを守るためにわたしたちができることで，正しいものに○，まちがっているものに×をつけましょう。

各 2 点【8 点】

① （　　　）部屋に人がいないときは，電灯を消す。

② （　　　）冬はエアコンの設定温度を，少し低めにする。

③ （　　　）あきかんはリサイクルしない。

④ （　　　）川原のごみはそのままにしておく。

国語 1

人物の心情を読み取ろう①

目標時間 20分

名前

学習した日　月　日

得点

100点満点

答え ▶128ページ

■ 物語を読んで、答えましょう。【100点】

〔太郎《たろう》は、父親が宝物《たからもの》にしているびょうぶにかかれた一頭の馬に、心をうばわれていた。〕

太郎は一日じゅう、びょうぶの――いや、あの馬の前から動かなかった。馬は、夢の中と同じ色、同じかがやきですっくと立ち、まっすぐに太郎を見つめていた。太郎を乗せて走れないのが、本当に残念そうだった。

そしてそんな馬を、こんな、白一色の背景《はいけい》の中に置いておくのは、太郎には、いかにも、悲しかった。

太郎は、周りにだれもいないときに、つと立つと、自分の部屋へ行って、緑色のクレヨンを持ってきた。そして、馬の後ろに、一息に太い線を引いてやった。緑の地平線をかいてやったのだ。こうすれば、馬も、野に置かれたような気持ちになるにちがいない、と思ったのだ。

そうして、もう一度馬をながめ直してみると、気のせいか、馬の目に命がともり、体全体が、生き生きしてきたように見えた。明るい緑色の線が広がって、やわらかな草の海に変わり、その上をおだやかな風がふいてきて、馬のたてがみをなでてゆくように見えた。太郎は思わず手をのばして、馬の首のところにさわった。

（今江祥智「野の馬」『今江祥智の本 第16巻』〈理論社〉より）

① 太郎は一日じゅう、びょうぶの――いや、あの馬の前から動かなかった。とありますが、このとき、太郎は馬がどうしたがっていると感じたのですか。（20点）

〔　　　　〕

② 太い線は、太郎にとって何を表すものでしたか。文章中から五字で書き出しましょう。（20点）

□□□□□

③ ――について、答えましょう。

1 太郎が――のようにしたのは、馬がどうなると思ったからですか。（20点）

〔　　　　〕

2 ――のようにしたことで、太郎には馬がどのように見えましたか。□に当てはまる文章中の言葉を書きましょう。各20点（40点）

・□□□が生きているようにかがやき、体全体が活気にあふれてきたように見えた。

・たてがみが□□□□になでられているように見えた。

国語 2

人物の心情を読み取ろう②

目標時間 20分

名前

学習した日　月　日

得点

100点 満点

答え ▶128ページ

■ 物語を読んで、答えましょう。〔100点〕

〔太郎《たろう》は、びょうぶに線を引いたばつとして、倉に一晩《ひとばん》入れられることになった。そして、真夜中に倉にしまわれているびょうぶをさがし始めた。〕

びょうぶは、倉の二階のすみに、そっとしまわれていた。太郎は、自分の背《せ》よりも高いびょうぶを、やっとのことで、月の光の中へ引っ張り出した。青い光の中で、馬はひっそりと太郎を見つめ、太郎は、その前に立ちつくした。

どのくらい、そうしていただろうか。

ふっと、ほおにかかる風の冷たさに、太郎は目を上げた。あの高い窓《まど》からふきこんだ風ではなかった。太郎は、まさかと思いながら、馬のたてがみに□をやった。

ゆれているのだ。馬の後ろにずっと広がった、野の向こうから、ふいてくる風にふかれて、馬のたてがみが、ふうわりと、なびき始めているのだった。

〈よかった！〉

太郎は、馬の首に手をやった。すると、確かに、手ざわりがあるのだ。なま温かい、本物の馬の手ざわりがあり、細かな毛が、びっしりと生えているのがわかったのだ。それどころか、そのとき、馬の鼻息が、太郎の耳の後ろをくすぐったのだった。馬のあしもとの草がゆれてにおい、馬が動いた――いや、生きているのだった。

（今江祥智「野の馬」『今江祥智の本 第16巻』〈理論社〉より）

① 1 そうしていたについて、答えましょう。

1 太郎は、どうしていたのですか。〔20点〕

（　　　　）

2 そうしていたことから、太郎のどのような気持ちが感じられますか。一つ選んで、記号を○で囲みましょう。〔20点〕

ア 馬に強くひきつけられる気持ち。

イ 馬をとてもおそれる気持ち。

ウ 父親のばつを不満に思う気持ち。

② ほおにかかる風は、どこからふいてきたのですか。〔10点〕

（　　　　）

③ □に当てはまる言葉を一つ選んで、記号を○で囲みましょう。〔10点〕

ア 顔　イ 耳　ウ 目　エ ロ

④ ――の馬の様子について、答えましょう。

1 たてがみは、どんな様子でしたか。〔10点〕

（　　　　）

2 首は、どんな様子でしたか。〔20点〕

（　　　　）

3 馬が生きていることは、1・2のほかに、馬の何から感じられましたか。文章中から二字で書き出しましょう。〔10点〕

（　　　　）

漢字を読もう書こう①

目標時間 20分

名前

学習した日　月　日

得点

100点 満点

答え ▶128ページ

1 ――の漢字に、読みがなをつけましょう。 各3点【36点】

① 人権を守る。（　　）

② 穴をほる。（　　）

③ 南西諸島（　　）

④ 歌詞を覚える。（　　）

⑤ 班長を決める。（　　）

⑥ 討論する（　　）

⑦ 窓の外。（　　）

⑧ 正しいと認める。（　　）

⑨ 誕生日に友達の家を訪問する。（　　）（　　）

⑩ 雑誌の記事に誤字を見つける。（　　）（　　）

2 ――の漢字の読みがなを書きましょう。 各3点【12点】

① ㋐ 言い訳をする。（　　）
㋑ 英語に訳す。（　　）

② ㋐ 危ない場所。（　　）
㋑ 危機がせまる。（　　）

3 文の意味に合うように、　の音読みをする漢字を□に書きましょう。 各5点【20点】

① ケン
㋐ 機械を点□する。
㋑ 友人との仲が□悪になる。

② フク
㋐ ひもが□雑にからみ合う。
㋑ 予習と□習を欠かさない。

4 ――と同じ訓をもつ別の漢字を、□に書きましょう。 各4点【12点】

① 図に表す。――姿《すがた》を□す。

② 話を聞く。――薬がよく□く。

③ 試合に敗れる。――紙が□れる。

5 □に漢字を書きましょう。 各5点【20点】

① 兄は、明るい□□《せいかく》だ。

② □□《かのう》な限り早く行く。

③ □《たし》かな□□《じょうほう》。

国語

国語 4 漢字を読もう書こう②

目標時間 20分

名前

学習した日 月 日

得点 100点満点

1 ――の漢字に、読みがなをつけましょう。
各3点【27点】

① 食品を冷蔵庫にしまい忘れる。（　　）（　　）

② 活やく中の若手の俳優。（　　）（　　）

③ おじは、警視庁に勤《つと》めている。（　　）

④ 本の著者。（　　）

⑤ 商品の値段。（　　）

⑥ 蒸気機関車（　　）

⑦ 列車の座席。（　　）

2 ――の漢字の読みがなを書きましょう。
各3点【15点】

① ㋐ 母のお供をする。（　　）
㋑ 仏前に花を供える。（　　）
㋒ 米の供給が減る。（　　）

② ㋐ 傷口を消毒する。（　　）
㋑ 負傷者を救助する。（　　）

3 ――を漢字と送りがなで書きましょう。
各6点【18点】

① あわてて、計算をあやまる。（　　）

② 相手の主張をみとめる。（　　）

③ 名所をたずねる。（　　）

4 上の熟語《じゅくご》の対義語（反対の言葉）を［　］から選んで、□に漢字に直して書きましょう。
各6点【12点】

① 安全 ↔ □□

② 義務 ↔ □□

［けんり　ふあん　きけん］

5 □に漢字を書きましょう。
各4点【28点】

① 学級□□《にっし》を書く。

② 父は□□□《どうそうかい》に行った。

③ 新会社が□□《たんじょう》する。

④ □《しょ》問題を□□《けんとう》する。

⑤ □《はん》ごとに□□《ぎろん》する。

答え ▶128ページ

国語 5

複合語／類義語／漢字の形と音・意味

目標時間 20分

学習した日　月　日

名前

得点

100点満点

答え ▶128ページ

1 次の複合語の組み合わせ方を、あとのア～カから選んで、（　）に記号を書きましょう。 各4点【20点】

① 自動ドア（　）
② 夏休み（　）
③ 飼育係（　）
④ 調査結果（　）
⑤ コーヒー豆（　）

ア 和語と和語　イ 漢語と漢語
ウ 外来語と和語　エ 漢語と和語
オ 漢語と外来語　カ 外来語と外来語

2 （　）に当てはまる言葉を［　］から選んで、記号を書きましょう。どちらも当てはまる場合は、「ウ」と書きましょう。 各4点【32点】

① ㋐（　）資源《しげん》が減る。
㋑（　）現象の観察。
［ア 自然　イ 天然］

② ㋐（　）運動をする。
㋑食事を（　）する。
［ア 用意　イ 準備］

③ ㋐複数の交通（　）。
㋑機械の操作《そうさ》（　）。
［ア 手段《しゅだん》　イ 方法］

④ ㋐歴史に（　）がある。
㋑（　）本位の記事。
［ア 興味　イ 関心］

3 ――の漢字と同じ音《おん》の漢字を□に書き、その読み方を〔　〕に書きましょう。 各4点【36点】

① これは古代生物の化石だ。
㋐柱を□定する。
㋑事□の現場。
〔　〕

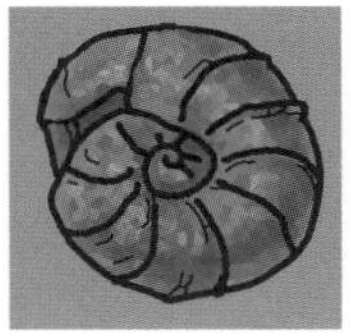

② 大きな責任を負う。
㋐面□を計算する。
㋑成□が上がる。
〔　〕

③ 正式な手続きをふむ。
㋐たなを□理する。
㋑□治活動の自由。
〔　〕

4 ■に共通して入る漢字の部分を、［　］から選んで、（　）に記号を書きましょう。 各4点【12点】

① ■谷　■青　■立 …（　）
② ■寺　■午　■舌 …（　）
③ ■寸　■女　■各 …（　）

［ア 言　イ 氵　ウ 宀　エ 冖］

国語 6

漢字を読もう書こう③

目標時間 20分

名前

学習した日　月　日

得点

100点満点

1 ――の漢字に、読みがなをつけましょう。

各3点【36点】

① アメリカ合衆国の航空宇宙局。（　　）（　　）

② 聖火台に至るコースを走る。（　　）（　　）

③ 秘密がもれたのでは、と疑う。（　　）（　　）

④ 穀物にまじったごみを取り除く。（　　）（　　）

⑤ 静かな住宅街。（　　）

⑥ 商品の宣伝。（　　）

⑦ 宗教活動（　　）

⑧ 食欲がわく。（　　）

2 ――の漢字の読みがなを書きましょう。

各3点【12点】

① ㋐ 宝の山。（　　）
㋑ 美しい宝石。（　　）

② ㋐ 時を刻む。（　　）
㋑ 夕刻になる。（　　）

3 文の意味が通るように、□に合う漢字を〔　〕から選んで書きましょう。

各5点【10点】

① 県□所在地を覚える。
〔府　庁　座〕

② この本は、読む価□がある。
〔値　植　置〕

4 □に漢字を書きましょう。

各4点【24点】

① □□《しりょく》を検査する。

② □《わす》れ物を届《とど》ける。

③ □□《ちょめい》な□□《はいじん》の句。

④ □《わか》い選手が□□《ゆうしょう》する。

5 ――の漢字は、まちがっています。□に正しい漢字を書きましょう。

各6点【18点】

① 将来《しょうらい》は、経察官になりたい。□

② 階断を上り、二階へ行く。□

③ お月様にすすきや団子を備え、月見をする。□

答え ▶128ページ

国語 7

漢字を読もう書こう④

目標時間 20分

名前

学習した日 月 日

得点

100点満点

答え ▶129ページ

1

——の漢字に、読みがなをつけましょう。 各3点【42点】

① 熟したトマトを、切って皿に盛る。（　）（　）

② 担任の先生に、貴重品を預《あず》ける。（　）（　）

③ 推理小説を読んで批評する。（　）（　）

④ 拡大図（　）

⑤ 神社に参拝する。（　）

⑥ 探検隊（　）

⑦ ごみを捨てる。（　）

⑧ 灰色の雲。（　）

⑨ 臨時休業（　）

⑩ 並木道（　）

⑪ 家賃をはらう。（　）

2

■の漢字と同じ音読みをするものを下から一つ選んで、○で囲みましょう。 各4点【8点】

① 巻 （居　刊　暴　判）

② 捨 （識　謝　職　招）

3

□に漢字を書きましょう。 各5点【30点】

① □□（たからもの）を大事にしまう。

② □□（いよく）的に勉強に取り組む。

③ □□（みんしゅう）の期待を集める。

④ □□（しんこく）な顔。

⑤ 新約□□（せいしょ）を読む。

⑥ □□（ぎもん）を投げかける。

4

表記がまちがっている漢字に×をつけ、□に正しい漢字を書きましょう。 各5点【20点】

〈例〉世界《せかい》には多様《たよう》な系教《しゅうきょう》がある。 宗

① 大室急《だいしきゅう》、事故現場《じこげんば》に直行《ちょっこう》する。 □

② 字宙飛行士《うちゅうひこうし》になるのが夢《ゆめ》だ。 □

③ 必宝《ひほう》の仏像《ぶつぞう》が公開《こうかい》される。 □

④ 小学生《しょうがくせい》は対象《たいしょう》から余外《じょがい》される。 □

国語 8

確認《かくにん》テスト①

目標時間 20分

名前

学習した日 月 日

得点

100点満点

1 物語を読んで、答えましょう。【50点】

〔太郎《たろう》がびょうぶの中の馬にさわると、馬は生きているのだった。〕

太郎は、あの、毎夜見続けた夢の中でのように、思い切り地をけって、馬の背《せ》に乗った。手首にたてがみを巻《ま》きつける。そして、軽く腹《はら》をけってやると、馬はそのままっすぐに、びょうぶの中の野へ、野に向かってかけだし、やがて、くりいろの風になって走り始めた。

風のにおいも、草のかがやきも、馬のすばらしさも、何もかも、太郎が夢見たものと同じだった。うれしさに、大声を上げる太郎を乗せて、馬はそのまま吸《す》いこまれるように、野のはてに消えていった……。

〈今江祥智「野の馬」『今江祥智の本 第16巻』〈理論社〉より〉

① 毎夜見続けた夢とは、どのような夢ですか。「太郎が」に続けて書きましょう。（15点）

太郎が

② ――とありますが、太郎がそうしたのはなぜですか。一つ選んで、記号を○で囲みましょう。（5点）

ア 馬の生死を確かめるため。

イ 馬をおどかすため。

ウ 馬を走らせるため。

③ 速く走る馬の様子を表している言葉を、文章中から六字で書き出しましょう。（15点）

④ 馬に乗って走った太郎は、どんな気持ちでしたか。（15点）

（　　　）

2 □に入る漢字を、〔　〕から選んで書きましょう。 各5点【20点】

① 強い㋐□神をもつ㋑□年。

〔青　静　精〕

② ㋐□通事故を防ぐ㋑□果的な方法を考える。

〔交　効　校〕

3 □に合う漢字を書きましょう。 各5点【30点】

① □□《とうろん》会

② □□《ひみつ》

③ □《わか》い□□《うちゅう》飛行士。

④ □□《ひひょう》記事を英語に□《やく》す。

内容を正しく読み取ろう①

目標時間 20分

学習した日　月　日

名前

得点

100点 満点

答え ▶129ページ

■ 説明文を読んで、答えましょう。【100点】

　ゲッカビジンという名の花がある。漢字で書けば「月下美人」となる。その名の通り、月明かりの下、夜十時頃《ごろ》に咲《さ》くので、昼にこの花の咲いた姿《すがた》を見ることはできない。

　花にも花の都合があるから、それでいっこうに構わないことだが、植物園などでは困《こま》ることになる。せっかく来園してもらっても、咲いた姿をお客さんに見せてあげられないからだ。

　[1]、このゲッカビジンを昼間に咲かせて見せる植物園があるという。一体どうやって咲かせるのか。その方法は次のようなものだった。

　開花三日前頃から、昼間は花にダンボールをかぶせて暗くしておき、夜は逆に蛍光灯《けいこうとう》の光を当てる。昼夜を逆転させるのである。こうすると三日目には、午前中から午後二時くらいの間に開花するという。

　簡単《かんたん》にいえば、花に無理やり「時差ボケ」させてしまうようなものだ。ちょっとかわいそうな気もするが、多くの人に見て喜んでもらうためには我慢《がまん》してもらうしかない。

　[2]私《わたし》たち人間は、腕《うで》時計や携帯《けいたい》電話など目で時間を確かめる時計の他にもいろいろな時計をもっている。正午前後になると「お腹《なか》がすいた」「そろそろ食事だな」と思うのは、腹《はら》時計によるところが大きい。

　植物もそれぞれが自分の時計をもっていて、思いのほか自分の時計時間に正確に従《したが》っている。

（川北義則「ぼくらの地球　生命はみんなつながっている」〈PHP研究所〉より）

① ゲッカビジンの花の咲いた姿を昼に見ることができないのは、なぜですか。（20点）

（　　　　　　　　）

② [1]・[2]に当てはまる言葉を、〔　〕から選んで書きましょう。各10点（20点）

1（　　　　）

2（　　　　）

〔なぜなら　ところで　だが〕

③ その方法とは、どのようにすることですか。[　]に当てはまる文章中の言葉を書きましょう。各10点（20点）

・開花直前のゲッカビジンに働きかけて、[　　　　]を[　　　　]させること。

④ 目で時間を確かめる時計以外の、いろいろな時計の例を、文章中から一つ書き出しましょう。（20点）

（　　　　　　　　）

⑤ ――とありますが、その具体例として適切なものを、ア～ウから選び、記号を○で囲みましょう。（20点）

ア　ゲッカビジンは、夜にも昼にも咲く。

イ　ゲッカビジンは、夜十時頃に咲く。

ウ　ゲッカビジンは、手を加えても昼には咲かない。

内容を正しく読み取ろう②

目標時間 20分

学習した日　月　日

名前

得点

100点満点

答え ▶129ページ

■ 説明文を読んで、答えましょう。【100点】

　アサガオは夕方、*日没《にちぼつ》後《ご》に開花の時を刻《きざ》み始め、十時間後に開花する。それがちょうど早朝ということになるのだ。別に人間が起きだす頃《ころ》を見計らって咲《さ》いているわけではない。

　タンポポの場合はアサガオと逆で、開花してから時を刻み始め、十時間で花を閉《と》じる。電気がついた明るい部屋でも、十時間経《た》つと花を閉じる。営業時間が十時間なのだ。

　こうした体内時計をもっているのは植物だけではない。渡《わた》り鳥も、遠くの目的地にちゃんとたどり着くために、体内時計を使っているらしい。たとえばホシムクドリという渡り鳥は、太陽を見ながら方角を決めるが、太陽は動くので方角を補正《ほせい》しながら飛ばなければならない。その補正のために体内時計を使っているというのだ。

　人間の体内時計は機械の時計とは本来基準が異《こと》なっている。機械の時計は一日二十四時間で測っているが、体内時計は一日二十五時間が本来の姿《すがた》なのだという。しかしわれわれは、朝起きて太陽の光を感じることで体内時計をリセットして一時間早め、一日二十四時間の周期に合わせている。

*日没…太陽がしずむこと。

〈川北義則「ぼくらの地球　生命はみんなつながっている」〈PHP研究所〉より〉

① 次のそれぞれのことについて、アサガオとタンポポのちがいを書きましょう。各15点(45点)

1　いつ時を刻み始めるか。

アサガオ…日没後。

タンポポ…（　　　）

2　時を刻み始めて十時間後にどうするか。

アサガオ…（　　　）

タンポポ…（　　　）

② ホシムクドリは何をするために体内時計を使いますか。□に当てはまる文章中の言葉を書きましょう。(15点)

・飛ぶときに、□□□□□するため。

③ 人間は、どうすることで体内時計をリセットし、機械の時計に合わせていますか。(20点)

（　　　）

④ この文章では、体内時計をもっているものとして、渡り鳥のほかに何を挙げていますか。それぞれ二字で二つ書きましょう。各10点(20点)

□□・□□

国語 11

漢字を読もう書こう⑤

目標時間 20分

名前

学習した日　月　日

得点

100点 満点

答え ▶129ページ

1 ―の漢字に、読みがなをつけましょう。 各3点【30点】

① 法律を守る。（　　）

② 教えに従う。（　　）

③ 絹のハンカチ。（　　）

④ 城の天守閣。（　　）

⑤ 銀河系（　　）

⑥ 千分の一の縮尺。（　　）

⑦ 単純な作業。（　　）

⑧ 衣類の収納場所。（　　）

⑨ オリンピックが閉幕した。（　　）

⑩ ジェット機を操縦する。（　　）

2 ―の漢字の読みがなを書きましょう。 各3点【12点】

① ㋐ 母の口紅。（　　）
㋑ 紅茶を飲む。（　　）

② ㋐ 戸を閉める。（　　）
㋑ 目を閉じる。（　　）

3 ―を漢字と送りがなで書きましょう。 各6点【18点】

① 一列にならぶ。（　　）

② ねじをまく。（　　）

③ 着たい服をさがす。（　　）

4 □に漢字を書きましょう。 各4点【24点】

① □□《りんかい》学校

② 電車□《ちん》

③ 道路を□□《かくちょう》する。

④ フランスの□□《きぞく》。

⑤ □□《たんとう》者を□□《ひはん》する。

5 ①・②の意味を表す四字熟語《じゅくご》になるように、□から合う漢字を選んで書きましょう。（同じ漢字を二度使ってもよい。） 両方できて各8点【16点】

① およその数を求める方法の一つ。

四□五□

② 何度も頭を下げてたのむこと。

三□九□

捨　拝　拾　入

国語 12 漢字を読もう書こう⑥

目標時間 20分

名前

学習した日　月　日

得点

100点満点

答え ▶129ページ

1

——の漢字に、読みがなをつけましょう。 各3点【42点】

① 机（　）の上に紙が三枚（　）ある。

② 卵（　）のからを割（　）る。

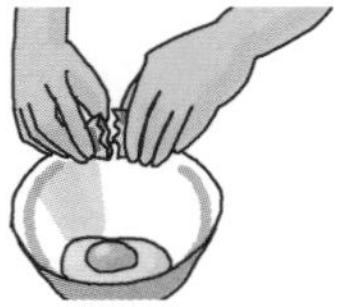

③ 劇（　）のための音楽を演奏（　）する。

④ 街路樹（　）

⑤ 布を青く染（　）める。

⑥ 株式（　）会社

⑦ 父の勤務（　）先。

⑧ 鉄棒（　）の練習。

⑨ 興奮（　）してさけぶ。

⑩ 創作（　）ダンス

⑪ 水玉模様（　）

2

——の漢字に共通する読みがなを、［　］に書きましょう。 各3点【6点】

① 時刻・穀物・告知　［　　］

② 規模・墓地・祖母　［　　］

3

文に合う「おさめる」と読む漢字を［　］から それぞれ選んで、□に書きましょう。 各4点【12点】

① 学問を□める。

② 国王が国を□める。

③ 税金を□める。

［納　収　修　治］

4

反対(対《つい》)の意味の漢字を組み合わせた熟《じゅく》語《ご》になるように、□に合う漢字を〔　〕から選んで書きましょう。 各5点【20点】

① 開□

② 主□

③ □横

④ 公□

〔従　縦　私　青　関　閉〕

5

□に漢字を書きましょう。 各4点【20点】

① □□《じゅんぱく》のドレス。

② □□《たいそう》服を洗《あら》う。

③ 江《え》戸《ど》□□《ばくふ》について学ぶ。

④ □《きぬ》のブラウスが□《ちぢ》む。

国語 13

前後をつなぐ言葉／文の組み立て

目標時間 20分

名前

学習した日　月　日

得点

100点 満点

答え
▶130ページ

1 次の――の言葉の働きを、あとのア〜エから選んで、（　）に記号を書きましょう。 各4点【16点】

① この映画《えいが》はおもしろい。さらに、映像もとてもきれいだ。（　）

② エレベーターは点検中だ。つまり、階《かい》段《だん》を使わなければならない。（　）

③ わくわくしながら博物館に行った。けれども、閉館日《へいかんび》だった。（　）

④ 週末、ピクニックをしましょう。それとも、買い物がいいですか。（　）

ア 前の事柄《ことがら》から予想されることと反対の事柄をつなぐ。

イ 前の事柄に付け加える。

ウ 前とあとの事柄のどちらかを選ぶ。

エ 前の事柄を言いかえる。

2 （　）に当てはまる言葉を、〔　〕から選んで書きましょう。 各6点【18点】

① その本を開く（　）、一枚《まい》の写真がはさまっていた。

② 空を見上げた（　）、星は一つも見えなかった。

③ 姉は走るのが速い（　）、水泳も得意だ。

〔 が　て　と　し 〕

3 次の各文から、「主語―述語」を二組ずつぬき出しましょう。 各8点【48点】

〈例〉犬がほえ、ねこはにげた。

（犬が―ほえ）

（ねこは―にげた）

① ベルが鳴り、舞《ぶ》台《たい》の幕《まく》が上がった。

（　）

（　）

② 妹が昨日焼いたパンは少しかたい。

（　）

（　）

③ これは、私《わたし》が川原で拾った化石です。

（　）

（　）

4 次の各文の組み立てをア・イから選んで、（　）に記号を書きましょう。 各6点【18点】

① 私が見た絵は美しかった。（　）

② 風がふいて、草花がゆれる。（　）

③ 先生が黒板に書いたことを生徒たちはノートに写した。（　）

ア 二組の主語・述語が対等に並《なら》んでいる。

イ 一組の主語・述語がほかの部分を修《しゅう》飾《しょく》している。

国語 14

漢字を読もう書こう⑦

目標時間 20分

名前

学習した日 月 日

得点

100点満点

1 ——の漢字に、読みがなをつけましょう。 各3点【36点】

① 困難な作業。（　）
② 対策を練る。（　）
③ うでの筋肉。（　）
④ 垂直な線。（　）
⑤ 簡単な問題。（　）
⑥ 頭痛が治る。（　）
⑦ 異国を旅する。（　）
⑧ 川の流域。（　）
⑨ 我に返る。（　）
⑩ 政党政治（　）
⑪ 列が乱れる。（　）
⑫ 試合の翌日。（　）

2 ——の漢字の読みがなを書きましょう。 各3点【12点】

① ㋐ 牛の乳をしぼる。（　）
㋑ 牛乳を飲む。（　）

② ㋐ 俵をかつぐ。（　）
㋑ 土俵に立つ。（　）

3 文に合う「つとめる」と読む漢字を□から それぞれ選んで、□に書きましょう。 各4点【12点】

① 体力の向上に□める。
② 番組の司会を□める。
③ 会社に□める。

努　務　勤

4 □に漢字を書きましょう。 各4点【20点】

① 船の□《もけい》。
② □《ぼう》読み
③ □《じゅもく》がしげる。
④ □《げきだん》を□《そうせつ》する。

5 ——を漢字と送りがなで書きましょう。 各5点【20点】

① 勇気をふるう。（　）
② ねぎをきざむ。（　）
③ 氷がわれる。（　）
④ 布を青くそめる。（　）

答え ▶130ページ

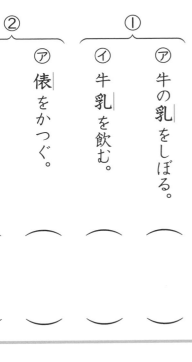

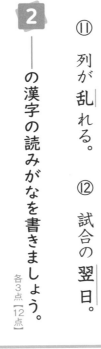

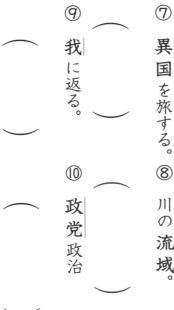

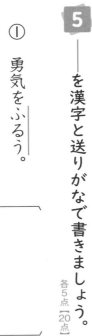

漢字を読もう書こう⑧

目標時間 20分

名前

学習した日 月 日

得点 100点満点

1 ―の漢字に、読みがなをつけましょう。 各3点【30点】

① 将来の夢。（　）
② 尊敬する人物。（　）
③ 郵便局（　）
④ 郷土の歴史。（　）
⑤ 方位磁針（　）
⑥ 砂糖をかける。（　）
⑦ 専門家を呼《よ》ぶ。（　）
⑧ 寸法を測る。（　）
⑨ 鉄鋼業（　）
⑩ 機械の故障。（　）

2 ―の漢字の読みがなを書きましょう。 各3点【15点】

①
㋐ 雪が降る。（　）
㋑ 車から降りる。（　）
㋒ 降水量を調べる。（　）

②
㋐ 弓で矢を射る。（　）
㋑ 光を反射する。（　）

3 □に漢字を書きましょう。 各4点【20点】

① すじみち □□
② ぎゅうにゅう □□
③ ちいき □□ の安全 たいさく □□。
④ あくとう □□ を退散《たいさん》させる。

4 ―を漢字と送りがなで書きましょう。 各5点【25点】

① 歯がいたい。（　）
② 列がみだれる。（　）
③ むずかしい作業。（　）
④ 水がたれる。（　）
⑤ 戸が開かず、こまる。（　）

5 □の漢字を使って、対義語（反対の意味の言葉）を作りましょう。 各5点【10点】

① 複雑 ↔ □□
② 正常 ↔ □□

異　簡　線　常　単　同

答え ▶130ページ

確認《かくにん》テスト②

目標時間 20分

名前

学習した日　月　日

得点

100点満点

1 説明文を読んで、答えましょう。【40点】

もし状況《じょうきょう》が許すなら、腕《うで》時計をはずして、三日でも一週間でも、自然の中でゆったり生活してみるといい。そうすると、それまで習慣にしていた日常の生活リズムが、自然に変わっていることに気づくはずだ。

太陽が昇《のぼ》れば目が覚め、日が＊没《ぼっ》すれば眠《ねむ》くなるというリズムになっていく。この生活リズムが、自然の中で人間が最もリラックスできる時間周期なのである。体がいちばん喜ぶのはこのリズムだが、文明社会は機械時計以外の時間は認《みと》めていない。文明をここまで高度に発展《はってん》させてしまった以上、それはやむをえないことなのかもしれないが。

＊没する…しずむ。しずんでかくれる。

（川北義則「ぼくらの地球　生命はみんなつながっている」〈PHP研究所〉より）

① ――の説明として適切なほうを選んで、記号を○で囲みましょう。（10点）

ア　人がいちばん落ち着けるリズム。

イ　機械時計に合わせたリズム。

② 体がいちばん喜ぶリズムとは、どのようなものですか。それを説明している一文の最初の三字を書き出しましょう。（10点）

□□□

③ 体がいちばん喜ぶと似た意味で使われている表現を、文章中から書き出しましょう。（10点）

（　　　　）

④ 筆者の考えに合うものを一つ選んで、記号を○で囲みましょう。（10点）

ア　できるならば、自然に合わせたリズムで生活するほうがよい。

イ　人間には、機械時計の時間に従《したが》って生きるのがふさわしい。

ウ　高度に発展した文明はすばらしい。

2 次の各文の組み立てをア・イから選んで、（　）に記号を書きましょう。各10点【30点】

① とびらが開き、王が現れた。（　）

② 兄が書く話はおもしろい。（　）

③ 大雪でバスがおくれて、多くの人がこまっていた。（　）

ア　二組の主語・述語が対等に並《なら》んでいる。

イ　一組の主語・述語がほかの部分を修飾《しゅうしょく》している。

3 □に合う漢字を書きましょう。各5点【30点】

① 船の□□《そうじゅう》。

② □《つくえ》の上。

③ □□《こんなん》な災害□□《たいさく》。

④ □《たまご》と□□《さとう》をまぜる。

答え ▶130ページ

情景を思いうかべよう

目標時間 20分

名前

学習した日　月　日

得点　100点満点

答え ▶130ページ

■ 詩を読んで、答えましょう。【100点】

さくら

石津《いしづ》　ちひろ

満開のさくらの花で
空がほとんど
うめつくされている
そのすきまから
空の青が
ところどころ
顔をのぞかせている

だれかが　いった
「わあ！　ピンクの空に
青い花が　さいているみたい」

青い花にみとれていたら
ピンクいろした
空のかけらが
はらはらと
顔にまいおちてきた

（「あしたのあたしはあたらしいあたし」〈理論社〉より）

① ピンクの空とは、何がどのようになっている様子を表していますか。それがわかる三行を、詩の中から書き出しましょう。（30点）

② 青い花とは、何を表していますか。□に当てはまる詩の中の言葉を書きましょう。各15点（30点）

□□□が、□□□のすきまから見える様子。

③ ピンクいろした／空のかけらとは、何のことですか。（20点）

（　　　）

④ この詩が伝えようとしていることに合うものを一つ選んで、記号を○で囲みましょう。（20点）

ア　さいても、すぐに散ってしまう桜の花のはかなさ。

イ　一面にさき乱《みだ》れている桜の花の見事さ。

ウ　桜の花にうめつくされてしまった空のたよりなさ。

作者の感動をつかもう

目標時間 20分

名前

学習した日　月　日

得点　100点満点

■ 詩を読んで、答えましょう。【100点】

りんご

山村《やまむら》　暮鳥《ぼちょう》

両手をどんなに
大きく大きく
ひろげても
かかへ《（え）》きれないこの気持《きもち》
林檎《りんご》が一つ
日あたりにころがつ《（つ）》てゐ《（い）》る

（「山村暮鳥全集　第一巻」〈彌生書房〉より）

五月

室生《むろう》　犀星《さいせい》

悲しめるもののために
みどりかがやく
くるしみ生きむ《（ん）》とするもののために
ああ　みどりは輝《かがや》く。

（「室生犀星全集　第一巻」〈新潮社〉より）

① 「りんご」の詩を二つに分ける場合、どこで分けるとよいですか。後半の最初の行の番号を答えましょう。（20点）

□行め

② 「りんご」の作者は、ころがっている「林檎」をどんなものとして見ていますか。合うものを一つ選んで、記号を○で囲みましょう。（20点）

ア　だれにも気づかれない、ちっぽけであわれなもの。
イ　光りかがやいているような、とてもはなやかなもの。
ウ　しっかりと存在《そんざい》していて、大きくて豊かなもの。

③ 「五月」の作者は、どんな人のために「みどり」がかがやくと言っていますか。詩の中から二つ書き出しましょう。（各15点（30点））

（　　　　）
（　　　　）

④ 生きむとする の意味に合うものを一つ選んで、記号を○で囲みましょう。（15点）

ア　生き続けている
イ　生きようとする
ウ　生きたことのある

⑤ 「五月」の詩で、作者の感動が最も強く表れているのはどこですか。行の番号を答えましょう。（15点）

□行め

答え
▶130ページ

漢字を読もう書こう⑨

目標時間 20分

名前

学習した日 月 日

得点

100点満点

答え ▶131ページ

1 ―の漢字に、読みがなをつけましょう。 各3点【36点】

① 腹が立つ。（　　）

② 地層を観察する。（　　）

③ 胸を張る。（　　）

④ 背中がかゆい。（　　）

⑤ 肺活量（　　）

⑥ 内臓を検査する。（　　）

⑦ 頭脳明せき（　　）

⑧ 骨が折れる。（　　）

⑨ 展覧会の会場に花束を届ける。（　　）（　　）

⑩ 日が暮れる前に、晩ご飯を食べる。（　　）（　　）

2 ―の漢字の読みがなを書きましょう。 各3点【12点】

①
㋐ 暖かい部屋。（　　）
㋑ 温暖な気候。（　　）

②
㋐ 湖面に映る山。（　　）
㋑ 映画を見る。（　　）

3 □に漢字を書きましょう。 各5点【40点】

① 相手の考えを□□《そんちょう》する。

② 医学を□□《せんもん》に学ぶ。

③ □□《けいご》を正しく使う。

④ チームの□□《しゅしょう》を務める。

⑤ □□《こきょう》の町に雪が□《ふ》る。

⑥ □□《じしゃく》に□□《さてつ》がつく。

4 ―の同音異義語《どうおんいぎご》（同じ音で意味のちがう言葉）になるように、□に合う漢字を書きましょう。 各6点【12点】

①
傷害事件が起きる。
□害物競走で一位になる。

②
バスが定刻《ていこく》に発車する。
ロケットを発□する。

国語 20

漢字を読もう書こう⑩

目標時間 20分

名前

学習した日　月　日

得点　100点満点

1 ―の漢字に、読みがなをつけましょう。　各3点【42点】

① 警察《けいさつ》署の署長に就任する。（　）（　）

② 厳しい顔つきの裁判官。（　）（　）

③ 看護師が冷静に人工呼吸を行う。（　）（　）

④ 日本国憲法（　）

⑤ 地味な服装。（　）

⑥ 補強工事（　）

⑦ 改革を進める。（　）

⑧ 裏と表。（　）

⑨ 忠実な家来。（　）

⑩ 善い行い。（　）

⑪ 話を否定する。（　）

2 ▢の漢字と同じ音読みをするものを下から一つ選んで、○で囲みましょう。　各4点【8点】

① 厳（胸　格　銭　減）

② 善（然　税　純　展）

3 ―と同じ訓をもつ別の漢字を、□に書きましょう。　各5点【15点】

〈例〉鳥が鳴く。―赤ちゃんが泣く。

① 温かい食事。―□かい気候。

② 場所を移す。―鏡に顔を□す。

③ 許可が下りる。―電車から□りる。

4 文の意味に合うように、▢の音読みをする漢字を□に書きましょう。　各5点【20点】

① ゾウ
㋐ マイク内□の録音機。
㋑ 病院で内□を検査する。

② フク
㋐ 往□二時間の道のり。
㋑ ひどい空□だ。

5 表記がまちがっている漢字に×をつけ、□に正しい漢字を書きましょう。　各5点【15点】

① 朝《あさ》から勉《ばん》まで畑《はたけ》を耕《たがや》した。□

② 家族《かぞく》四人《よにん》で助《たす》け合《あ》って墓《く》らす。□

③ 近代的《きんだいてき》な高属《こうそう》ビルがたち並《なら》ぶ。□

答え ▶131ページ

国語 21

敬《けい》意《い》を表す言葉づかい

目標時間 20分

名前

学習した日　月　日

得点　100点満点

答え ▶131ページ

1 次の——の敬語《けいご》の種類を、あとのア～ウから選んで、（　）に記号を書きましょう。 各6点【30点】

① お客様にお茶をお出しする。（　）

② その本は、私《わたし》も読みました。（　）

③ 明日は講師の方が来られる。（　）

④ 次の日曜日、先生のお宅《たく》へうかがう予定です。（　）

⑤ あなたのお父様はなんとおっしゃったのですか。（　）

ア 尊敬語《そんけいご》

イ けんじょう語

ウ ていねい語

2 次の——の言葉を、特別な言葉を使った言い方の敬語に直して書きましょう。 各8点【32点】

① このおかしは、お客様にもらった。

（　）

② 先生は何を食べたのですか。

（　）

③ お母様が来る時間を教えてください。

（　）

④ 先生からおもしろい話を聞いた。

（　）

3 それぞれ場面にふさわしいほうの言い方を選んで、記号を〇で囲みましょう。 各6点【18点】

① いそがしそうなお店の人に話しかける。

ア 文具売り場を教えて。

イ すみませんが、文具売り場を教えてもらえませんか。

② 荷物の多い来客に申し出る。

ア お荷物をお持ちします。

イ お荷物を持ってあげます。

③ 改まった会で、司会者として話す。

ア 代表者のあいさつのときは、すわってください。

イ 代表者のあいさつの際は、ご着席ください。

4 例にならって、場面に合うように、各文の——の言葉を直して、全文を書きましょう。 各10点【20点】

〈例〉母親の職場の人からの電話で。

・お母さんは出かけています。

（母は出かけております。）

① 図書のけんさく機が動かず、係の人に。

・悪いけど、助けてくれる。

（　）

② 式典の受付係として来場者に。

・ちょっと入り口で待ってください。

（　）

漢字を読もう書こう⑪

目標時間 20分

名前

学習した日 月 日

得点

100点 満点

1 ―の漢字に、読みがなをつけましょう。 各3点【36点】

① 干潮の時刻《じこく》。
② 宿題を済ます。
③ 温泉に入る。
④ 遺せきをめぐる。
⑤ 頂上に着く。
⑥ 延長戦になる。
⑦ 天然資源
⑧ 雨が激しく降《ふ》る。
⑨ 貴重《きちょう》な存在。
⑩ 川に沿って歩く。
⑪ 立派な態度。
⑫ 姿を現す。

2 ―の漢字に、読みがなをつけましょう。 各3点【12点】

①
㋐ 手をよく洗う。
㋑ 新しい洗たく機。

②
㋐ 妹はまだ幼い。
㋑ ここは幼ち園だ。

3 □に漢字を書きましょう。 各5点【20点】

① □《かそう》行列をながめる。
② いとこが銀行に□《しゅうしょく》する。
③ □《かくめい》家と□《よ》ばれる。

4 ―を漢字と送りがなで書きましょう。 各5点【20点】

① 説明をおぎなう。
② もめごとをさばく。
③ 寒さがきびしい。
④ 息を深くすう。

5 上下が対義語（反対の意味の言葉）になるように、□に合う漢字を書きましょう。 各4点【12点】

① 表側 ↔ □側
② □人 ↔ 悪人
③ 可決 ↔ □決

答え ▶131ページ

国語 23

漢字を読もう書こう⑫

目標時間 20分

名前

学習した日　月　日

得点

100点満点

答え ▶131ページ

1 ――の漢字に、読みがなをつけましょう。 各3点【42点】

① 天皇陛下と皇后陛下。（　　）（　　）

② 蚕を飼う。（　　）

③ 自己しょうかい（　　）

④ 四冊の本。（　　）

⑤ 親孝行なむすこ。（　　）

⑥ 誠実な人。（　　）

⑦ 部屋を片づける。（　　）

⑧ 指揮者（　　）

⑨ 死亡事故が減る。（　　）

⑩ ごみ処理場（　　）

⑪ 本を朗読する。（　　）

⑫ 仁愛の心。（　　）

⑬ 同盟を結ぶ。（　　）

2 ――の漢字に共通する読みがなを、〔　〕に書きましょう。 各3点【6点】

① 皇居・鉄鋼・紅白〔　　〕

② 養蚕・賛成・酸味〔　　〕

3 上の意味を表し、下の漢字の□に入る部首を、（　）に書きましょう。 各4点【16点】

〈例〉心 ― □青（忄）

① 水 ― □先（　　）

② 火 ― 孰□（　　）

③ 肉 ― □匈（　　）

④ 刀 ― 亥□（　　）

4 □に漢字を書きましょう。 各4点【16点】

① 温かい言葉に□□《かんげき》する。

② 楽な□□《しせい》ですわる。

③ 世界□□《いさん》の□□《ほぞん》。

5 ――を漢字で書きましょう。送りがながつくものは、送りがなも書きましょう。 各5点【20点】

① 山のいただき。〔　　〕

② うたがいを晴らす。〔　　〕

③ しおが満ちる。〔　　〕

④ 元気のみなもと。〔　　〕

確認《かくにん》テスト③

目標時間 20分

学習した日　月　日

名前

得点　100点満点

1 詩を読んで、答えましょう。【40点】

こころ

工藤《くどう》　直子《なおこ》

㋐「こころが　くだける」というのは
たとえばなしだと思っていた　ゆうべまで
今朝　こころはくだけていた　ほんとうに
㋑ひとつひとつ　かけらをひろう
涙《なみだ》がでるのは
かけらに日が射《さ》して　まぶしいから
くだけても　これはわたしの　こころ
ていねいに　ひろう

（「工藤直子詩集」〈角川春樹事務所〉より）

① ——㋐とありますが、作者はどう思っていたということですか。一つ選んで、記号を○で囲みましょう。（10点）

ア　こころがくだけるのは弱い人だけだ。
イ　形のないこころはくだけない。
ウ　実際にこころがくだけることはない。

② 「㋐たとえばなし」に対して、そうではないことを表している言葉を書き出しましょう。（10点）

（　　　　）

③ ——㋑とは、どうすることですか。一つ選んで、記号を○で囲みましょう。（10点）

ア　少しずつでも元にもどそうとする。
イ　どこかに片《かた》づけるために集める。
ウ　まとめて新しいものと入れかえる。

④ ていねいに　ひろう 理由を表している一行を、詩の中から書き出しましょう。（10点）

（　　　　）

2 ——の敬語《けいご》を別の言葉で表すと下のどれになりますか。——でつなぎましょう。各10点【30点】

① 先生が昼食を お食べになる。　・
② 先生が外国へ 行かれる。　・
③ 先生が児童の 絵を見られる。　・

・いらっしゃる
・なさる
・うかがう
・ごらんになる
・申し上げる
・めし上がる

3 □に合う漢字を書きましょう。各5点【30点】

① □□《さいばん》所
② □□《ちゅうせい》心
③ □《はい》は□□《こきゅう》器官だ。
④ □□《てんらん》会の会期が□《の》びる。

答え ▶131ページ

全科プリント　小学6年
答えとアドバイス

★ まちがえた問題は，何度も練習してできるようにしましょう。

★ アドバイス があるところは，よく読んでおきましょう。

算　数

1 線対称《せんたいしょう》　（2ページ）

1 ㋑，㋓

2 ① 点C…点K，点F…点H
② 辺AB…辺AL，辺HI…辺FE
③ 垂直　④ 5本

3 ① 辺ED　② 角D　③ 4 cm　④ 4本

4 ①

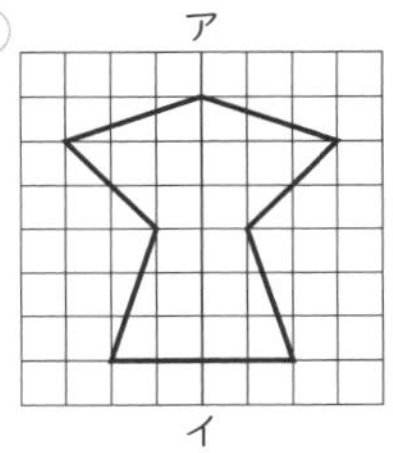

②

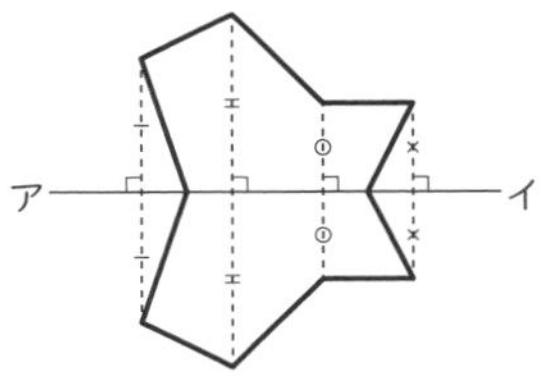

アドバイス 線対称《せんたいしょう》な図形とは，1本の直線を折り目にして折ったときに，ぴったりと重なる図形のことをいいます。線対称な図形の特ちょうをしっかり覚えておきましょう。

2 点対称《てんたいしょう》　（3ページ）

1 ㋑，㋓

2 ① 点A…点E，点G…点C
② 辺BC…辺FG，辺EF…辺AB
③ 角F…角B，角H…角D
④ 直線OG
⑤ 右の図

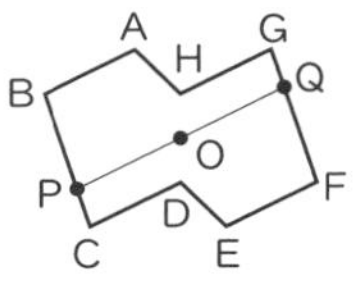

3 ①

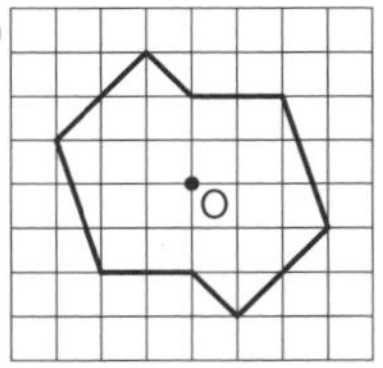

②

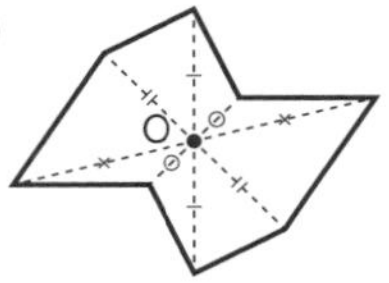

4

	線対称	対称の軸の数	点対称
㋐ 二等辺三角形	○	1	×
㋑ 正三角形	○	3	×
㋒ 長方形	○	2	○
㋓ ひし形	○	2	○
㋔ 正方形	○	4	○
㋕ 正五角形	○	5	×
㋖ 正六角形	○	6	○
㋗ 正七角形	○	7	×

アドバイス 点対称な図形とは，ある1点を中心にして180°回転させたときに，もとの図形にぴったりと重なる図形のことをいいます。点対称な図形の特ちょうや正多角形の対称をしっかり覚えておきましょう。

3 文字と式①　（4ページ）

1 ① $50\times x$(円)　② $x+10$(L)
③ $a\div6$(m)　④ $1000-x$(円)
⑤ $a\times4$(cm)　⑥ $x\div12$(cm)

2 ① $80\times x$(円)　② 240円
③ （式）$80\times x=400$，$x=400\div80=5$
（答え）5

3 ① $x-2$(dL)　② 3 dL
③ （式）$x-2=7$，$x=7+2=9$　（答え）9

アドバイス ○や□などのかわりに，a《エー》，x《エックス》，y《ワイ》などの文字を使って数量を表します。
2の②　$80\times x$の式で，xに3をあてはめます。

4 文字と式②　（5ページ）

1 ① $x\times5=y$　② $x-10=y$
③ $x\div8=y$　④ $9\times x=y$
⑤ $80\times x+150=y$

2 ① $x\times4=y$　② 200　③ 75

3 ① 面積　② まわりの長さ

4 ㋑

アドバイス **2**の③は，$x\times4=300$の式からxの表す数を求めると，$x=300\div4=75$となります。
3の②　$8+x$は縦《たて》と横の長さをたしたものだから，2倍すると長方形のまわりの長さになります。

5 分数と整数のかけ算，わり算　（6ページ）

1 ① $\frac{6}{7}$　② $\frac{4}{3}\left(1\frac{1}{3}\right)$　③ $\frac{12}{5}\left(2\frac{2}{5}\right)$　④ $\frac{9}{2}\left(4\frac{1}{2}\right)$
⑤ $\frac{15}{2}\left(7\frac{1}{2}\right)$　⑥ 30　⑦ $\frac{1}{8}$　⑧ $\frac{1}{3}$
⑨ $\frac{1}{12}$　⑩ $\frac{5}{32}$　⑪ $\frac{1}{10}$　⑫ $\frac{3}{8}$

2 （式）$\frac{4}{5}\times4=\frac{16}{5}$　（答え）$\frac{16}{5}$ L$\left(3\frac{1}{5}\text{ L}\right)$

3 （式）$\frac{5}{8}\times6=\frac{15}{4}$　（答え）$\frac{15}{4}$ $m^2$$\left(3\frac{3}{4}\ m^2\right)$

4 （式）$\frac{35}{9}\div5=\frac{7}{9}$　（答え）$\frac{7}{9}$ kg

5 （式）$2\frac{1}{7}\div3=\frac{5}{7}$　（答え）$\frac{5}{7}$ m

アドバイス **1**　分数×整数では分子に整数をかけ，分数÷整数では分母に整数をかけます。**5**では，正三角形は辺の長さがすべて等しいから，1辺の長さを求めるには，まわりの長さを3でわります。

6 分数のかけ算①　（7ページ）

1 ① $\frac{3}{40}$　② $\frac{20}{63}$　③ $\frac{36}{25}\left(1\frac{11}{25}\right)$　④ $\frac{2}{7}$　⑤ $\frac{5}{21}$
⑥ 6　⑦ $\frac{5}{24}$　⑧ $\frac{16}{9}\left(1\frac{7}{9}\right)$　⑨ $\frac{9}{2}\left(4\frac{1}{2}\right)$

⑩21

2 ①（式）$\frac{7}{9}\times\frac{3}{5}=\frac{7}{15}$　（答え）$\frac{7}{15}$ m²

②（式）$\frac{7}{9}\times\frac{12}{7}=\frac{4}{3}$　（答え）$\frac{4}{3}$ m²$\left(1\frac{1}{3}\text{ m}^2\right)$

3 （式）$\frac{6}{5}\times\frac{3}{4}=\frac{9}{10}$　（答え）$\frac{9}{10}$ kg

4 （式）$320\times\frac{5}{8}=200$　（答え）200円

アドバイス 分数のかけ算では，とちゅうで約分できるかどうかを必ず調べるようにしましょう。

7 分数のかけ算②　（8ページ）

1 ①$\frac{32}{15}\left(2\frac{2}{15}\right)$　②$\frac{35}{9}\left(3\frac{8}{9}\right)$　③4

④$\frac{9}{4}\left(2\frac{1}{4}\right)$　⑤$\frac{6}{5}\left(1\frac{1}{5}\right)$　⑥$\frac{5}{6}$

⑦$\frac{22}{3}\left(7\frac{1}{3}\right)$　⑧18

2 （式）$\frac{11}{15}\times2\frac{6}{7}=\frac{44}{21}$　（答え）$\frac{44}{21}$ kg$\left(2\frac{2}{21}\text{ kg}\right)$

3 ①（式）$\frac{5}{8}\times\frac{6}{5}=\frac{3}{4}$　（答え）$\frac{3}{4}$ m²

②（式）$\frac{7}{10}\times\frac{4}{9}=\frac{14}{45}$　（答え）$\frac{14}{45}$ m²

4 ①$\frac{1}{6}$　②$\frac{4}{55}$　③$\frac{2}{9}$

④$\frac{9}{10}$　⑤$\frac{26}{9}\left(2\frac{8}{9}\right)$　⑥20

アドバイス 帯分数は仮分数になおして計算します。約分できるときはかける前に約分しましょう。

8 分数のかけ算③　（9ページ）

1 ①$\frac{7}{4}\left(1\frac{3}{4}\right)$　②$\frac{5}{6}$　③66

④17　⑤$\frac{7}{11}$　⑥$\frac{3}{10}$

2 ①$\frac{8}{7}\left(1\frac{1}{7}\right)$　②5　③$\frac{1}{9}$　④$\frac{5}{4}\left(1\frac{1}{4}\right)$

3 （式）$\frac{7}{4}\times\frac{5}{7}=\frac{5}{4}$　（答え）$\frac{5}{4}\left(1\frac{1}{4}\right)$

4 ①45分　②96分　③42秒

5 ①$\frac{7}{12}$ 時間

②（式）$48\times\frac{7}{12}=28$　（答え）28 km

アドバイス **1**は，次の計算のきまりを使います。

①は，$(a\times b)\times c=a\times(b\times c)$

③は，$(a+b)\times c=a\times c+b\times c$

④は，$a\times(b-c)=a\times b-a\times c$

⑤は，$a\times b+a\times c=a\times(b+c)$

⑥は，$a\times c-b\times c=(a-b)\times c$

2では，分数の逆数は，分母と分子の数を入れかえます。

9 分数のわり算①　（10ページ）

1 ①$\frac{5}{8}$　②$\frac{49}{20}\left(2\frac{9}{20}\right)$　③$\frac{4}{5}$　④$\frac{22}{21}\left(1\frac{1}{21}\right)$

⑤$\frac{2}{3}$　⑥$\frac{52}{35}\left(1\frac{17}{35}\right)$　⑦$\frac{3}{8}$　⑧$\frac{21}{2}\left(10\frac{1}{2}\right)$

⑨$\frac{15}{2}\left(7\frac{1}{2}\right)$　⑩18

2 ①（式）$\frac{5}{3}\div\frac{1}{9}=15$　（答え）15本

②（式）$\frac{5}{3}\div\frac{5}{12}=4$　（答え）4本

3 （式）$\frac{9}{10}\div\frac{7}{9}=\frac{81}{70}$　（答え）$\frac{81}{70}$ kg$\left(1\frac{11}{70}\text{ kg}\right)$

4 （式）$560\div\frac{7}{8}=640$　（答え）640円

アドバイス **2**や**3**や**4**のような分数のわり算の文章題では，わり算をかけ算とまちがえたり，わられる数とわる数を逆にしたりするミスをしないように注意しましょう。

10 分数のわり算②　（11ページ）

1 ①$\frac{15}{22}$　②$\frac{7}{22}$　③$\frac{8}{5}\left(1\frac{3}{5}\right)$

④$\frac{15}{2}\left(7\frac{1}{2}\right)$　⑤$\frac{55}{32}\left(1\frac{23}{32}\right)$　⑥$\frac{2}{3}$

⑦$\frac{8}{21}$　⑧$\frac{4}{9}$

2 （式）$9\frac{3}{4}\div2\frac{3}{5}=\frac{15}{4}$　（答え）$\frac{15}{4}$ m²$\left(3\frac{3}{4}\text{ m}^2\right)$

3 （式）$1\frac{1}{9}\div1\frac{1}{4}=\frac{8}{9}$　（答え）$\frac{8}{9}$ m

4 （式）9秒$=\frac{3}{20}$分，$6\div\frac{3}{20}=40$　（答え）40日

アドバイス **1**　帯分数を仮分数になおして，真分数と同じように計算します。

3では，縦《たて》の長さを x《エックス》 mとして，面積の公式にあてはめると，$x\times1\frac{1}{4}=1\frac{1}{9}$　この式から，xにあてはまる数をわり算で求めることもできます。

11 分数のかけ算とわり算　（12ページ）

1 ①$\frac{6}{7}$　②1　③$\frac{5}{12}$　④$\frac{11}{25}$

⑤$\frac{1}{63}$　⑥$\frac{1}{7}$　⑦6　⑧$\frac{6}{7}$

2 ㋐，㋒

3 ①$\frac{12}{25}$　②$\frac{9}{7}\left(1\frac{2}{7}\right)$　③2

④$\frac{3}{8}$　⑤$\frac{9}{2}\left(4\frac{1}{2}\right)$　⑥$\frac{16}{27}$

アドバイス **3**のようなかけ算とわり算がまじった計算で，小数を分数になおすときは，ふつう，次のように，かけ算の形にしてから計算します。

③　$\frac{8}{3}\div3.2\times\frac{12}{5}=\frac{8}{3}\div\frac{32}{10}\times\frac{12}{5}=\frac{8}{3}\times\frac{10}{32}\times\frac{12}{5}$

$=\frac{\overset{1}{\cancel{8}}\times\overset{2}{\cancel{10}}\times\overset{\overset{1}{\cancel{4}}}{\cancel{12}}}{\underset{1}{\cancel{3}}\times\underset{\underset{1}{\cancel{4}}}{\cancel{32}}\times\underset{1}{\cancel{5}}}=2$

④　$0.3\div\frac{2}{3}\div1.2=\frac{3}{10}\div\frac{2}{3}\div\frac{12}{10}=\frac{3}{10}\times\frac{3}{2}\times\frac{10}{12}$

$=\frac{\overset{1}{\cancel{3}}\times3\times\overset{1}{\cancel{10}}}{\underset{1}{\cancel{10}}\times2\times\underset{4}{\cancel{12}}}=\frac{3}{8}$

⑤　$2.4\div1.6\times3=\frac{24}{10}\div\frac{16}{10}\times\frac{3}{1}$

$=\frac{24}{10}\times\frac{10}{16}\times\frac{3}{1}=\frac{\overset{3}{\cancel{24}}\times\overset{1}{\cancel{10}}\times3}{\underset{1}{\cancel{10}}\times\underset{2}{\cancel{16}}\times1}=\frac{9}{2}$

12 分数の倍とかけ算・わり算 (13ページ)

1 ① $\frac{9}{14}$ 倍　② $\frac{10}{9}$ 倍 $\left(1\frac{1}{9}\text{倍}\right)$　③ $\frac{3}{2}\left(1\frac{1}{2}\right)$

2 ① 225　② $\frac{9}{10}$　③ $\frac{15}{2}\left(7\frac{1}{2}\right)$

④ 810　⑤ $\frac{1}{6}$

3 ①（式）$\frac{5}{18}\div\frac{15}{16}=\frac{8}{27}$　（答え）$\frac{8}{27}$ 倍

②（式）$\frac{5}{18}\times\frac{2}{5}=\frac{1}{9}$　（答え）$\frac{1}{9}$ km^2

4（式）$462\times\frac{2}{11}=84$　（答え）84人

5（式）縦の長さを x mとすると，

$x\times\frac{5}{6}=\frac{10}{9}$，$x=\frac{10}{9}\div\frac{5}{6}=\frac{4}{3}$

（答え）$\frac{4}{3}$ m $\left(1\frac{1}{3}\text{ m}\right)$

アドバイス **5**は，もとにする大きさを求める問題です。この場合，もとにする大きさである縦《たて》の長さを x《エックス》 mとします。

13 確認《かくにん》テスト① (14ページ)

1 ① 点C　② 辺DC　③ 6本

2 ① $\frac{21}{4}\left(5\frac{1}{4}\right)$　② $\frac{1}{6}$　③ $\frac{20}{9}\left(2\frac{2}{9}\right)$

④ $\frac{5}{12}$　⑤ $\frac{2}{3}$　⑥ $\frac{3}{4}$

3 ① $x\times12=y$　② 60

4（式）$\frac{3}{7}\times\frac{3}{7}=\frac{9}{49}$　（答え）$\frac{9}{49}$ m^2

5（式）$\frac{3}{8}\times\frac{16}{5}=\frac{6}{5}$　（答え）$\frac{6}{5}$ kg $\left(1\frac{1}{5}\text{ kg}\right)$

6（式）コース全体を x kmとすると，

$x\times\frac{3}{4}=15$，$x=15\div\frac{3}{4}=20$

（答え）20 km

14 比 (15ページ)

1 ① 7：4　② 3：8

2 ① $\frac{4}{9}$　② 5　③ $\frac{4}{7}$　④ $\frac{25}{13}\left(1\frac{12}{13}\right)$

3 ① ×　② ＝　③ ×　④ ＝　⑤ ＝　⑥ ×

4 ①（例）1：4，4：16

②（例）3：2，6：4

5 ① 7：9　② 2：3

③ 4：3　④ 8：21

6 ① 15　② 48　③ 4　④ 9　⑤ 11　⑥ 72

アドバイス **2**では，$a：b$ の比の値《あたい》は，$\frac{a}{b}$ です。

4では，等しい比をつくるには，$a：b$ の両方の数に同じ数をかけたり，わったりして求めます。

5の①・②では，比の前の数と後ろの数を，それらの最大公約数でわります。③では，10倍して整数の比になおしてから，簡単《かんたん》にします。④では，通分すれば，分子の比になります。

15 比の利用① (16ページ)

1 ①（式）オリーブ油の量を x mLとすると，

3：5＝45：x，$x=5\times15=75$

（答え）75 mL

②（式）すの量を x mLとすると，

3：5＝x：60，$x=3\times12=36$

（答え）36 mL

2 ① 3：2

②（式）棒のかげの長さを x cmとすると，

3：2＝180：x

$x=2\times60=120$　（答え）120 cm

③（式）木の高さを x mとすると，

3：2＝x：6

$x=3\times3=9$　（答え）9 m

3 ①（式）横の長さを x cmとすると，

12：16＝3：4だから，

3：4＝15：x，$x=4\times5=20$

（答え）20 cm

②（式）縦の長さを x cmとすると，

3：4＝x：24，$x=3\times6=18$

$18\times24=432$　（答え）432 cm^2

4（式）女子の児童数を x 人とすると，

7：15＝x：420，$x=7\times28=196$

$420-196=224$　（答え）224人

アドバイス 比の値を使って求めてもいいです。

1の①　$45\times\frac{5}{3}=75$　②　$60\times\frac{3}{5}=36$

2の②　$180\times\frac{2}{3}=120$　③　$6\times\frac{3}{2}=9$

3の①　$15\times\frac{4}{3}=20$　②　$24\times\frac{3}{4}=18$

4　$420\times\frac{7}{15}=196$

16 比の利用② (17ページ)

1 ① 3：7　② $\frac{3}{7}$

③（式）$210\times\frac{3}{7}=90$　（答え）90個

2（式）$8+5=13$

$156\times\frac{8}{13}=96$，$156\times\frac{5}{13}=60$

（答え）姉…96枚，妹…60枚

3（式）12：8＝3：2，$3+2=5$

$1000\times\frac{3}{5}=600$　（答え）600円

4（式）$5+4=9$，$(100-10)\times\frac{5}{9}=50$

$50+10=60$，$100-60=40$

60：40＝3：2　（答え）3：2

5（式）$4+5+7=16$

$96\times\frac{4}{16}=24$，$96\times\frac{5}{16}=30$，$96\times\frac{7}{16}$

$=42$　（答え）24 cm，30 cm，42 cm

アドバイス 等しい比の式をつくってもいいです。
1の① 白のご石と黒のご石の数の比は3：4なので，白のご石とご石全体の数の比は，
3：(3＋4)＝3：7
2 姉の枚数《まいすう》を x《エックス》 枚とすると，
8：13＝x：156，x＝8×12＝96
3 兄はx円もらえるとすると，
3：5＝x：1000，x＝3×200＝600
4，**5**も同じように考えられます。
5は，三角形の3つの辺の長さの和を4＋5＋7＝16とみて，その $\frac{4}{16}$ 倍，$\frac{5}{16}$ 倍，$\frac{7}{16}$ 倍が，それぞれ，3つの辺の長さになると考えます。

17 拡大図《かくだいず》と縮図《しゅくず》 （18ページ）

1 ①㋖，2倍　②㋕，$\frac{1}{2}$
2 ①1.5倍　②4.5 cm　③角C
3 ①$\frac{1}{3}$　②0.3 cm　③角F…65°　角G…50°
4 ①

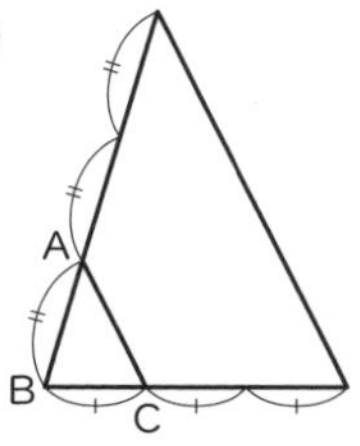

②

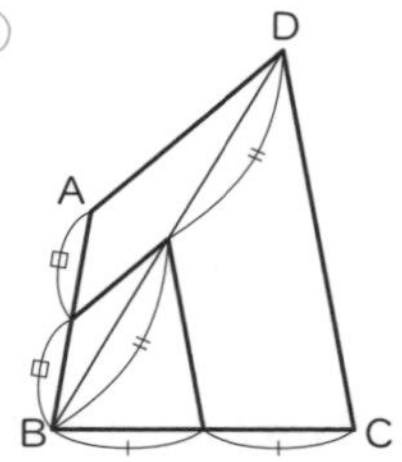

※図は，実際の長さとはちがっています。

アドバイス 拡大図《かくだいず》と縮図《しゅくず》の特ちょうやかき方をしっかり覚えておきましょう。
対応する辺の長さは拡大，縮小されますが，対応する角の大きさは変わりません。

18 縮図《しゅくず》の利用 （19ページ）

1 ①$\frac{1}{250}$　②20 cm　③30 m
2 ①72 m　②270 m^2　③18 cm
3 〈縮図〉

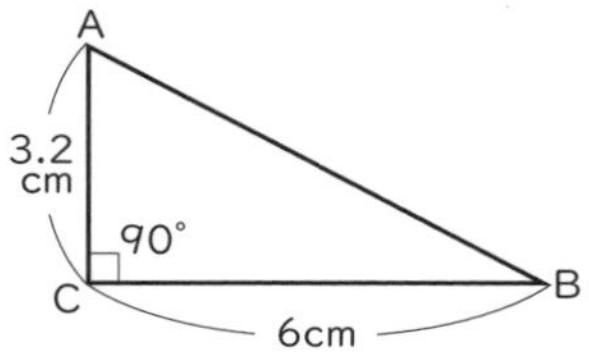

(図は $\frac{1}{2}$ に縮めてあります。)
ABの縮図上の長さをはかると，約6.8 cmです。
（答え）約34 m
4 〈縮図〉

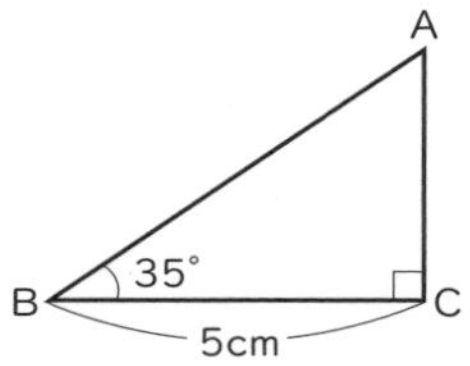

(図は $\frac{1}{2}$ に縮めてあります。)
ACの縮図上の長さをはかると，約3.5 cmです。
（答え）約15.5 m

アドバイス 実際の長さ，縮図上の長さ，縮尺《しゅくしゃく》の関係をきちんとおさえておきましょう。
1の① 10 m＝1000 cm　4÷1000＝$\frac{1}{250}$
② 5 km＝500000 cm
500000×$\frac{1}{25000}$＝20(cm)
③ 1.5×2000＝3000(cm) →30 m
2の① (6＋4＋9＋5)×300＝7200
7200 cm＝72 m
② 6×300÷100＝18　4×300÷100＝12
9×300÷100＝27
(18＋27)×12÷2＝270(m^2)
③ 7200÷400＝18(cm)
3では，6.8×500＝3400(cm) →34 m
4では，3.5×400＝1400(cm) →14 m
14＋1.5＝15.5(m)
と求めます。

19 確認《かくにん》テスト② （20ページ）

1 比…15：16　比の値…$\frac{15}{16}$
2 ①3：1　②5：7
③3：4　④3：2
3 ①15　②30　③3　④4
4 2.4 cm
5 (式) 縦の長さをx cmとすると，
4：3＝x：18
x＝4×6＝24　（答え）24 cm
6 (式) 3＋2＝5
60×$\frac{3}{5}$＝36　（答え）36 kg
7 ①3倍
②辺DE…5.4 cm　直線BD…4.8 cm

アドバイス **4** 1.2 km＝120000 cm
120000×$\frac{1}{50000}$＝2.4(cm)
5では，次のように求めてもいいです。
18×$\frac{4}{3}$＝24(cm)
6では，次のように求めてもいいです。
大のふくろにx kg入れるとすると，
3：5＝x：60，x＝3×12＝36(kg)
7の①は，(2＋4)÷2＝3(倍)
②は，辺DE《ディーイー》は，1.8×3＝5.4(cm)
直線B《ビー》Dは，2.4×3－2.4＝4.8(cm)

20 円の面積 （21ページ）

1 ①(式) 2×2×3.14＝12.56
（答え）12.56 cm^2
②(式) 6÷2＝3
3×3×3.14＝28.26
（答え）28.26 cm^2
③(式) 14×14×3.14＝615.44
（答え）615.44 cm^2
④(式) 30÷2＝15
15×15×3.14＝706.5
（答え）706.5 cm^2
2 9倍
3 (式) 31.4÷3.14÷2＝5

5×5×3.14＝78.5　（答え）78.5 cm^2

4（式）7×7×3.14÷4＝38.465
（答え）38.465 cm^2

5 ①（式）8×2×3.14÷2＋8×3.14÷2×2
＝50.24　（答え）50.24 cm
②（式）8×8×3.14÷2＝100.48
（答え）100.48 cm^2

アドバイス **5**の②は，半径8 cmの半円の欠けている部分に，半円からはみ出している部分をあてはめると，半径8 cmの半円の形になります。

21 角柱と円柱の体積　（22ページ）

1 ①（式）(9×12÷2)×14＝756
（答え）756 cm^3
②（式）(7＋10)×6÷2＝51
51×9＝459　（答え）459 cm^3
③（式）(8×12÷2)×7＝336
（答え）336 cm^3
④（式）(5×5×3.14)×10＝785
（答え）785 cm^3
⑤（式）8÷2＝4
(4×4×3.14)×15＝753.6
（答え）753.6 cm^3

2 ①（式）13×16＋12×5÷2＝238
238×12＝2856　（答え）2856 cm^3
②（式）40÷2＝20
(20×20×3.14÷2)×60＝37680
（答え）37680 cm^3

3 ①（式）(16×12÷2)×10＝960
（答え）960 cm^3
②（式）62.8÷3.14÷2＝10
(10×10×3.14)×25＝7850
（答え）7850 cm^3

アドバイス 角柱，円柱の体積＝底面積×高さの公式は，しっかり覚えておきましょう。

2の②は，円柱の体積を求めて2でわると考えて，(20×20×3.14)×60÷2＝37680(cm^3)と求めてもいいです。
3の①の立体は三角柱です。
②の立体は円柱です。底面の円の円周が62.8 cmより半径を求めます。

22 およその大きさ　（23ページ）

1 ①約29 m^2
②（式）4×7＝28　（答え）約28 m^2

2（式）6×5÷2＝15　（答え）約15 km^2

3 ①約1400 m^2
②（式）(60＋20)×30÷2＝1200
（答え）約1200 m^2

4（式）20÷2＝10
(10×10×3.14)×12＝$3\overset{8}{7}68$
3800 cm^3＝3.8 L　（答え）約3.8 L

アドバイス **1**の①は，池の内側にある方眼が17個，池のまわりの線にかかっている方眼が24個なので，1×17＋0.5×24＝29→約29 m^2
3の①は，畑の内側にある方眼が5個，畑のまわりの線にかかっている方眼が18個なので，1×5＋0.5×18＝14，10×10×14＝1400より，約1400 m^2
4は，底面が直径20 cmの円で，高さが12 cmの円柱とみます。

23 比　例　（24ページ）

1 ① $y=8\times x$
②左から順に，
8，16，24，
32，40
③比例する。
④右のグラフ
⑤28

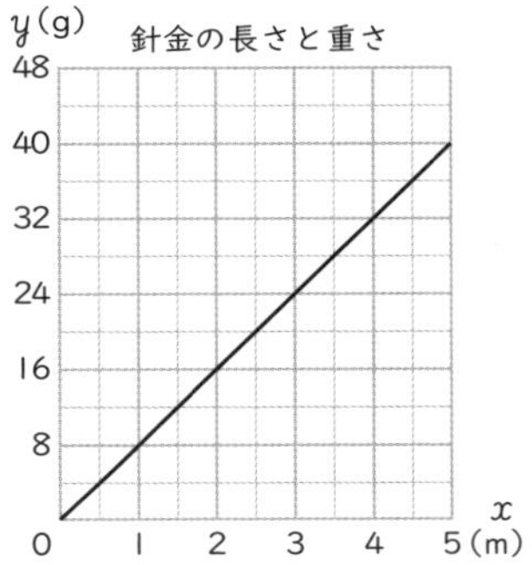

2 ①○　②×
③×　④○
⑤×　⑥○

3 ①12 cm^2　②8 cm　③15 cm^2

アドバイス y《ワイ》が x《エックス》に比例するとき，xの値《あたい》が2倍，3倍，…になると，yの値も2倍，3倍，…になります。
2は，式に表すと次のようになります。① $y=x\times 4$，② $y=x\times x\times 3.14$，③は式に表すことができません。④ $y=45\times x$，⑤ $y=20-x$，⑥ $y=5\times x$

24 比例の利用　（25ページ）

1 ① $y=\frac{1}{3}\times x$
②㋐9　㋑36　㋒15　㋓54

2 ①（式）8÷20＝0.4
0.4×100＝40　（答え）40 g
【別式】100÷20＝5，8×5＝40
②（式）200÷0.4＝500　（答え）500個
【別式】200÷8＝25，20×25＝500

3 ①（式）$200\div 12=\frac{50}{3}$
$\frac{50}{3}\times 15=250$　（答え）250 km
【別式】$15\div 12=\frac{5}{4}$，$200\times\frac{5}{4}=250$
②（式）$150\div\frac{50}{3}=9$　（答え）9 L

【別式】 $150\div200=\frac{3}{4}$，$12\times\frac{3}{4}=9$

4 （式）$10\times20=200$，$2.28\div0.6=3.8$
$200\times3.8=760$　（答え）$760\ \mathrm{cm}^2$

【別式】 $0.6\div200=\frac{3}{1000}$

$2.28\div\frac{3}{1000}=760$

アドバイス 数量が比例の関係にあることを確かめたら，（決まった数）を求めるか，（倍）の関係を使って求めます。

25 反比例 （26ページ）

1 ① $y=18\div x$
② 左から順に，18，9，6，3，2，1
③ 反比例する。
④ 3.6
⑤ 4

2 ①○　②×　③△　④○　⑤×
⑥△

3 ① $y=60\div x$　② 左から順に，30，20，15，10

アドバイス y《ワイ》が x《エックス》に反比例するとき，xの値《あたい》が2倍，3倍，…になると，yの値は $\frac{1}{2}$ 倍，$\frac{1}{3}$ 倍，…になります。

2は，式に表すと次のようになります。
① $y=x\times2\times3.14$，② $y=10-x$，③ $y=12\div x$，④ $y=50\times x$，⑤ $y=15-x$，⑥ $y=60\div x$

3の①では，表から $5\times12=60$，$15\times4=60$で，面積が$60\ \mathrm{cm}^2$の長方形とわかり，60が決まった数になるので，反比例の式に表せます。

26 確認《かくにん》テスト③ （27ページ）

1 ①（式）$16\times3.14=50.24$（答え）$50.24\ \mathrm{cm}$
②（式）$16\div2=8$
$8\times8\times3.14=200.96$
（答え）$200.96\ \mathrm{cm}^2$

2 ①（式）$(8\times6\div2)\times9=216$
（答え）$216\ \mathrm{cm}^3$
②（式）$(3\times3\times3.14)\times5=141.3$
（答え）$141.3\ \mathrm{cm}^3$

3 （式）$40\times25=1000$　（答え）約$1000\ \mathrm{m}^2$

4 ①㋐10　㋑120
② $15\times x$

5 左から順に，36，12，6

6 ①（式）$750\div6=125$
$125\times15=1875$　（答え）1875 g
【別式】 $15\div6=\frac{5}{2}$，$750\times\frac{5}{2}=1875$
②（式）2.25 kg＝2250 g
$2250\div125=18$　（答え）18個
【別式】 $2250\div750=3$，$6\times3=18$

27 資料の整理① （28ページ）

1 ① 3.15冊　② 4冊　③ 3.5冊
④ 人数…10人　割合…50％

2 ①

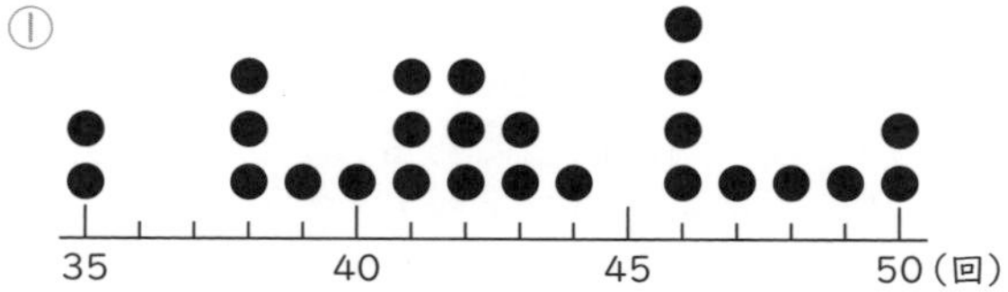

② 平均値…42.8回　最頻値…46回
中央値…42回
③ 36％

アドバイス 平均値《へいきんち》，最頻値《さいひんち》，中央値の求め方は，しっかり覚えておきましょう。

1の①　$(0\times1+1\times3+2\times4+3\times2+4\times6+5\times2+6\times2)\div20=63\div20=3.15$(冊《さつ》)

③　10番目と11番目の冊数《さっすう》の平均だから，
$(3+4)\div2=3.5$(冊)

2の③　6年1組の女子の人数は25人います。
ドットプロットより，45回以上の人は9人いるから，$9\div25=0.36\rightarrow36\%$

28 資料の整理② （29ページ）

1 ① 上から順に，2，6，7，4，1，20
②

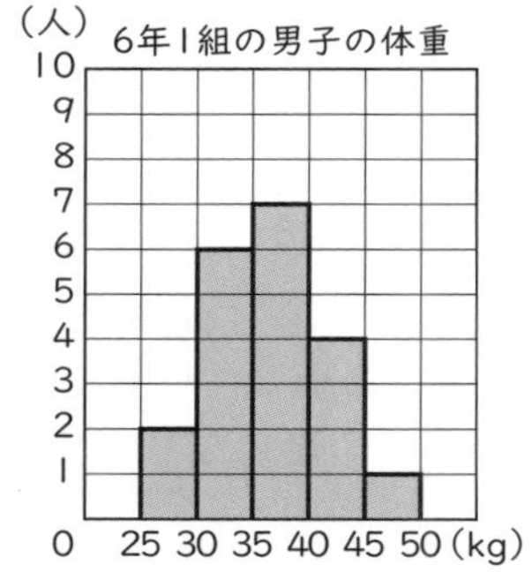

③ 35 kg以上40 kg未満
④ 人数…5人　割合…25％

2 ① 10点　② 40人　③ 12人
④ 23番めから30番めの間
⑤ 70点以上80点未満

アドバイス 以上，以下，未満の意味をまちがえないように注意しましょう。

29 いろいろなグラフ （30ページ）

1 ① 50才以上59才以下　② 60才以上
③ 女　④ ㋐増えている。㋑減っている。

2 ① 午前6時20分　② 2回
③ 時速36 km

3 4 kg…900円　10 kg…1100円

アドバイス **1**の③　女の割合《わりあい》の合計は52.2％，男の割合の合計は47.8％です。

2の②　2つのグラフが交わっている点が，A《エー》町発とB《ビー》町発のバスがすれちがった地点です。

③　12 kmの道のりを20分で進んでいます。
20分＝$\frac{1}{3}$時間なので，バスの時速は，
$12\div\frac{1}{3}=36$(km)

30 並《なら》べ方 (31ページ)

1 ① 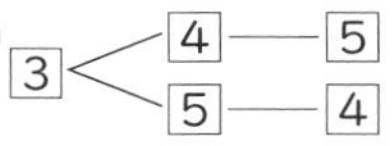 2通り

② 6通り

2 ① 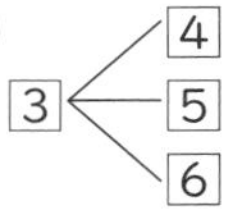 3通り　② 12通り

3 ① 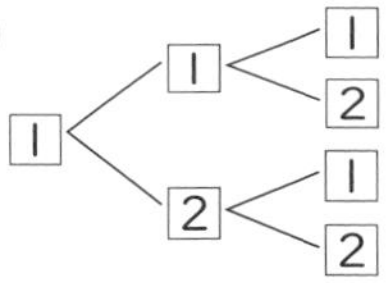 4通り　② 8通り

4 ① 6通り　② 24通り

5 18通り

アドバイス **4**，**5**も**1**～**3**のような図をかいて求めましょう。**5**では，千の位に0は使えないことに注意しましょう。

31 組み合わせ方 (32ページ)

1 ①

②

	A	B	C	D
A		A・B	A・C	A・D
B	~~B・A~~		B・C	B・D
C	~~C・A~~	~~C・B~~		C・D
D	~~D・A~~	~~D・B~~	~~D・C~~	

③ 6試合

2 ① 10通り　② 5通り

3 6円，11円，15円，101円，105円，110円

4 15試合

5 ① 6通り　② 4通り　③ 10通り

アドバイス 表や図に表して，落ちや重なりがないように調べましょう。

5の①は，B《ビー》，C《シー》，D《ディー》，E《イー》の4個から2個を選ぶので6通りです。

②は，B，C，D，Eの4個から3個選ぶことは，1個残すことと同じなので，残す1個を選ぶと考えると簡単《かんたん》です。

③は，残す2個の選び方と同じことです。5個から2個を選ぶ組み合わせは10通りです。また，①と②の和であると考えることもできます。

32 割合《わりあい》を使って (33ページ)

1 ① A…$\frac{1}{20}$，B…$\frac{1}{30}$

② (式) $\frac{1}{20}+\frac{1}{30}=\frac{1}{12}$　(答え) $\frac{1}{12}$

③ (式) $1\div\frac{1}{12}=12$　(答え) 12分

2 (式) $\frac{1}{15}\times10=\frac{2}{3}$，$1-\frac{2}{3}=\frac{1}{3}$

$\frac{1}{3}\div\frac{1}{6}=2$　(答え) 2分

3 ① (式) $1-\frac{5}{8}=\frac{3}{8}$　(答え) $\frac{3}{8}$

② (式) $240\times\frac{3}{8}=90$　(答え) 90 mL

4 ① (式) $\frac{3}{8}\times\frac{3}{5}=\frac{9}{40}$　(答え) $\frac{9}{40}$

② (式) $3200\times\frac{9}{40}=720$　(答え) 720冊

アドバイス **4**の①は，もとにする量のa《エー》倍のb《ビー》倍は，もとにする量の（$a\times b$）倍なので，図書室の本全体をもとにする量として考えます。

33 変わり方のきまりを見つけて① (34ページ)

1 ① ㋐120　㋑180　㋒160　㋓240　㋔280　㋕420

② 140 m

③ (式) 980÷140＝7　(答え) 7分後

④ (式) 980÷(160＋85)＝4　(答え) 4分後

2 ① ㋐960　㋑1020　㋒1080　㋓420　㋔630　㋕750　㋖600　㋗450

② 150 m

③ (式) 900÷150＝6　(答え) 6分後

④ (式) 60×25＝1500

1500÷150＝10　(答え) 10分後

アドバイス **1**の④では，2人あわせた道のりは，1分間で，(160＋85) mずつ増えます。

34 変わり方のきまりを見つけて② (35ページ)

1 ① ㋐23　㋑22　㋒1970　㋓1940　㋔1910

② 30円

③ 50円のアメ…14個，80円のチョコ…11個

2 50円玉…9枚，100円玉…5枚

3 ① ㋐9　㋑8　㋒7　㋓540　㋔680　㋕820

② 140円

③ りんご…15個，みかん…5個

4 筆…14本，えん筆…26本

アドバイス **1**の③では，50円のアメは，はじめの0個から，(2000－1580)÷30＝14(個) 増え，80円のチョコは，25－14＝11(個) になります。

2では，14枚全部100円玉のときの合計金額は，100×14＝1400(円) で，50円玉が1枚ずつ増えると，合計金額は (100－50) 円ずつ減ります。

3の③では，りんごは，はじめの10個より，(1100－400)÷140＝5 (個) 増え，みかんは，10－5＝5(個) になります。

4では，両方を20本ずつ買ったときの代金の差は，80×20－40×20＝800(円) で，筆が1本ずつ減ると，代金の差は (80＋40) 円ずつ減ります。

35 なかまに分けて (36ページ)

1 えん筆…33本，消しゴム…47個

2 20500円

3 4人

4 34点

アドバイス 1では，えん筆は，2×(25－17)＋17＝33(本)，消しゴムは，2×(32－17)＋17＝47(個) です。

2では，両方に申しこんだ人は，38＋42－45＝35(人)だから，500×35＋300×(45－35)＝20500(円)

3では，犬やねこが好きな人は，26＋18－12＝32(人) だから，どちらもきらいな人は，36－32＝4(人) です。

または，右のような表に表して求めてもいいです。

		ねこ ○	ねこ ×	合計(人)
犬	○	12	14	26
犬	×	6	4	10
合計(人)		18	18	36

○…好き，×…きらい

4では，組の人数は，29＋26－15＝40(人)

合計点は，20×(29－15)＋30×(26－15)＋50×15＝1360(点) だから，平均点は，1360÷40＝34(点) です。

36 確認《かくにん》テスト④ (37ページ)

1 ①6 ②5 kg

③

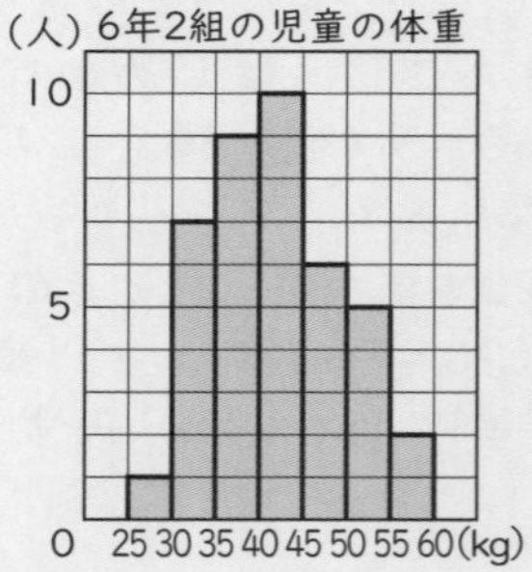

④35 kg以上40 kg未満

⑤17.5%

2 12個

3 ①6通り ②10通り

4 10分

アドバイス 1の① ㋐＝40－(1＋7＋9＋10＋5＋2)＝6

② 階級の幅《はば》は，30－25＝5(kg)

2では，千の位が3のときが6個，4のときが6個できます。

3の①では，男子1人について2通りずつあるから，選び方は全部で2×3＝6(通り) あります。

4では，$1-\frac{1}{24}\times18=\frac{1}{4}$，$\frac{1}{4}\div\frac{1}{40}=10$(分) です。

英 語

1 自《じ》己《こ》紹介《しょうかい》をしよう！ (38ページ)

2 ①ア　②エ

3 ①ジョン
②サキ
③ユウタ

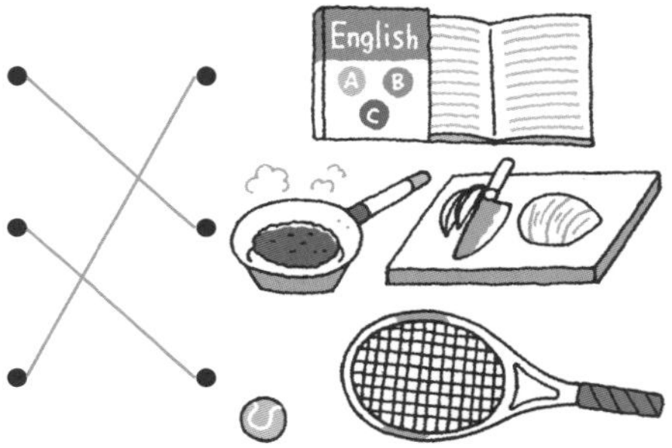

読まれた音声

3 ① I'm John. I can cook.
② I'm Saki. I'm good at tennis.
③ I'm Yuta. I'm good at English.

アドバイス 2 「わたしの誕生《たんじょう》日《び》は～です。」は My birthday is ～.といいます。月の名前や日付の表し方は，表にするなどしてまとめて覚えましょう。 ①June「6月」 ②November「11月」
3 I can ～.は「わたしは～することができます。」，I'm good at ～.は「わたしは～が得意です。」という意味です。 ①cook「料理する」 ②tennis「テニス」

2 自分の生活を紹介《しょうかい》しよう！ (39ページ)

2 ①イ　②ウ　③ア　④エ

3 ①わたしは北海道（ に住んでいます ／ が好きです ）。
②わたしは8時に（ 学校 ／ 病院 ）へ行きます。
③わたしはふつう，（ 4時 ／ 5時 ）に宿題をします。

読まれた音声

3 ① I live in Hokkaido.
② I go to school at 8:00.
③ I usually do my homework at 4:00.

アドバイス 2 「～時に」は〈at＋時《じ》刻《こく》〉で表します。 ①get up「起きる」 ②eat breakfast「朝食を食べる」 ③go home「帰《き》宅《たく》する」 ④go to bed「ねる」
3 ①live in ～「～に住んでいる」 ②go to school「学校に行く」 ③do my homework「宿題をする」

3 好きなものについて説明しよう！ (40ページ)

2 ①イ　②ア

3 ①マリコ
②マイク
③リズ

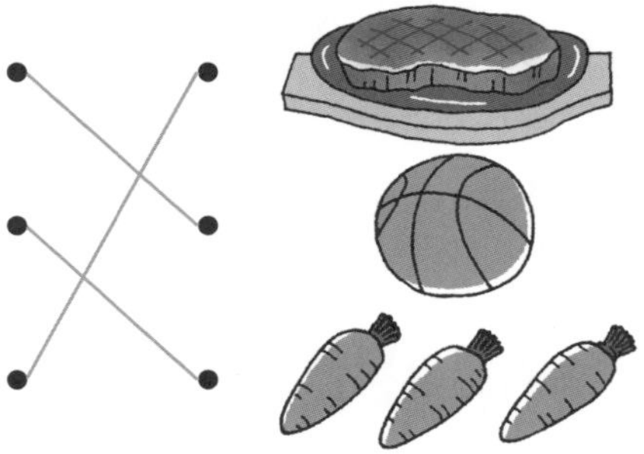

読まれた音声

3 ① I'm Mariko. My favorite sport is basketball.
② A : Do you like carrots, Mike?
B : Yes, I do.
③ A : What's your favorite food, Liz?
B : My favorite food is steak.

アドバイス What's your favorite ～? は「あなたの大好きな～は何ですか。」という意味で，My favorite ～ is ….「わたしの大好きな～は…です。」と答えます。
What ～ do you like? は「あなたはどんな～が好きですか。」という意味で，I like ….「わたしは…が好きです。」と答えます。
Do you like ～? は「あなたは～が好きですか。」という意味で，Yes, I do.「はい，好きです。」か No, I don't.「いいえ，好きではありません。」と答えます。
たずねる文と答える文をセットで覚えましょう。
3 ①basketball「バスケットボール」 ②carrot「ニンジン」 ③steak「ステーキ」

4 したいことを伝えよう！ (41ページ)

2 ①ア　②ウ
3 ①×　②○

読まれた音声

3 ① A : What sport do you want to play?
B : I want to play volleyball.
② A : What subject do you want to study?
B : I want to study math.

アドバイス 2 What ～ do you want to …? は「あなたは何の～を…したいですか。」という意味で，What do you want to …? は「あなたは何を…したいですか。」という意味です。どちらにも I want to －.で「わたしは－したいです。」と答えます。 ②lion「ライオン」
3 ①volleyball「バレーボール」 ②subject

「教科」，study「勉強する」，math「算数」

5 行ってみたい国について話そう！

(42ページ)

2 ①ウ　②ア
3 ①イ　②ア

読まれた音声

3 A : Kenta, where do you want to go?
B : I want to go to Italy.
A : Why?
B : I want to eat spaghetti.

アドバイス 2 ①know「知っている」 ②eat「食べる」
3 相手に行きたい場所をたずねるときはWhere do you want to go?「あなたはどこに行きたいですか。」といいます。I want to go to ～.「わたしは～に行きたいです。」と答えることができます。I want to eat ～.は「わたしは～を食べたいです。」という意味です。 ①Italy「イタリア」 ②spaghetti「スパゲッティ」

6 日本のことを紹介《しょうかい》しよう！ (43ページ)

2 ①エ　②ア
3 ①（ 夏 / 秋 ）には祭りがあります。
②あなたは（ おどる / 歌う ）ことができます。
③それは（ わくわくします / 美しいです ）。

読まれた音声

3 Welcome to Japan. In fall, we have a festival. You can dance. It's exciting.

アドバイス 2 ①Japan「日本」やChina「中国」のように，国の名前を表す英語は最初の文字を必ず大文字にします。 ②「…には～があります。」はWe have ～ in … .で表します。
3 You can ～.は「あなたは～することができます。」という意味です。 ①fall「秋」 ②dance「おどる」

7 自分たちの町・地域《ちいき》を紹介《しょうかい》しよう！

(44ページ)

2 ①イ　②ア
3 ①○　②○　③×

読まれた音声

3 This is our town. We have a hospital. We have a zoo. We don't have a soccer stadium. I want a soccer stadium in our town.

アドバイス 2 What do you want in our town?は「あなたはわたしたちの町に何がほしいですか。」という意味です。I want ～.「わたしは～がほしいです。」と答えます。 ①amusement park「遊園地」 ②beach「海岸」
3 We have ～.は「（わたしたちの町には）～があります。」，We don't have ～.は「～がありません。」という意味です。町にある施設《しせつ》などを説明するときに使う表現です。 ①hospital「病院」 ②zoo「動物園」 ③soccer stadium「サッカースタジアム」

8 確認《かくにん》テスト①

(45ページ)

1 ①have　②from　③birthday
④can　⑤favorite
2 ①get up　②Germany
③fried chicken
3 ①イ　②ウ

読まれた音声

3 ① ア I'm good at skiing.
イ I like swimming.
ウ I can play basketball.
② ア We have a zoo.
イ We have a library.
ウ We don't have an aquarium.

アドバイス 2 ①get up「起きる」，go to bed「ねる」 ②Germany「ドイツ」，India「インド」 ③fried chicken「フライドチキン」，pizza「ピザ」
3 ①swimming「水泳」 ②aquarium「水族館」

9 夏休みにしたことを言おう！ (46ページ)

2 ①ウ　②イ

3 ①わたしは北海道に（ 行きました / 住んでいました ）。
②わたしはカレーライスを（ 作りました / 食べました ）。
③それは（ とてもおいしかった / 楽しかった ）です。

読まれた音声

3 A : How was your summer vacation?
B : I went to Hokkaido. I ate curry and rice. It was delicious.

アドバイス 「～した」を表す単語を覚えましょう。「～する」を表す単語とは形が異《こと》なるものが多いので注意しましょう。
2 ①enjoyed「楽しんだ」 ②saw「見た」
3 How was ～? は「～はどうでしたか。」という意味で，相手に感想をたずねるときに使う表現です。①went to ～「～に行った」 ②ate「食べた」 ③It was ～.「それは～でした。」，delicious「とてもおいしい」

10 人のことを説明しよう！ (47ページ)

2 ①イ　②ア

3 ①○　②○

読まれた音声

3 ① A : Who is your favorite singer?
B : My favorite singer is Andy.
② A : Who is this?
B : It is Ann. She is a doctor.

アドバイス **2** 「かれは～です。」はHe is ～.，「かのじょは～です。」はShe is ～.で表します。①police officer「警察官《けいさつかん》」 ②singer「歌手」
3 Who is ～?は「～はだれですか。」という意味です。①singer「歌手」 ②doctor「医者」

11 小学校の思い出を言おう！ (48ページ)

2 ①イ　②ウ

3 ①ア　②エ　③オ

読まれた音声

3 My best memory is our school trip. We went to Nara. We saw old temples. It was interesting.

アドバイス **2** ①My best memory is ～.は「わたしのいちばんの思い出は～です。」という意味です。②It was ～.は「それは～でした。」という意味です。beautiful「美しい」
3 ①went to ～「～に行った」 ②saw「見た」，old temple「古い寺」 ③interesting「おもしろい，興味深い」

12 将来《しょうらい》の夢を語ろう！ (49ページ)

2 ①ウ　②イ　③ア

3 ①じゅう医　②動物が好きだから

読まれた音声

3 A : What do you want to be?
B : I want to be a vet.
A : Why?
B : I like animals.

アドバイス **2** I want to be ～.は「わたしは～になりたいです。」という意味です。〈～〉には職業を表す単語などが入ります。①doctor「医者」 ②scientist「科学者」 ③artist「芸術家」
3 What do you want to be?は「あなたは何になりたいですか。」という意味です。I want to be ～.「わたしは～になりたいです。」と答えます。Why? は「なぜですか。」という意味で，相手に理由をたずねるときに使う表現です。①vet「じゅう医」 ②animal「動物」

13 中学校でしたいことを言おう！ (50ページ)

2 ①エ　②イ

3 ①ウ　②ア

読まれた音声

3 ① A : What club do you want to join, Megumi?
B : I want to join the brass band.
② A : What do you want to do in junior high school?
B : I want to enjoy the drama festival.

アドバイス **2** ①What club do you want to join?は「あなたは何のクラブに入りたいですか。」という意味です。②What do you want to do in junior high school?は「あなたは中学校で何をしたいですか。」という意味です。
3 ①brass band「吹《すい》奏《そう》楽《がく》部《ぶ》」 ②drama festival「演劇祭《えんげきさい》」

14 いろいろな質問をしてみよう！ (51ページ)

2 ①Who　②What　③Where
3 ①×　②○

読まれた音声
3①A : What subject do you like?
　B : I like math.
②A : What time do you get up?
　B : I get up at 6:00.

アドバイス **2** 答えの文が，何について答えているかに注目しましょう。 ①Who is ～?「～はだれですか。」 ②What do you ～?「あなたは何を～しますか。」 ③Where do you ～?「あなたはどこで～しますか。」
3 ①what subject「何の教科」 ②what time「何時」

15 様子や気持ちを伝えよう！ (52ページ)

2 ①ウ　②ア
3

読まれた音声
3①I'm Bob. I'm happy.
②I'm Andy. I'm sad.
③I'm Max. I'm tired.

アドバイス **2** ①big「大きい」，small「小さい」 ②old「古い」，new「新しい」
3 自分の気持ちなどを伝えるときはI'm ～.といいます。 ①happy「幸せな，うれしい」 ②sad「悲しい」 ③tired「つかれた」

16 確認《かくにん》テスト② (53ページ)

1 ①Who　②memory　③ate
④club　⑤be
2 ①カ　②ウ
3 ①ア　②エ　③カ

読まれた音声
3 Hello. I'm Paul. I like music. My best memory is our music festival. We enjoyed singing. It was exciting. I want to be a singer.

アドバイス **2** ①「かれは算数の先生です。」という文にします。 teacher「先生」 ②「かれは泳ぐことができます。」という文にします。swim「泳ぐ」
3 ①music「音楽」 ②music festival「音楽祭」 ③singer「歌手」

社会

1 くらしと政治①　(54ページ)

1 (1)　Aウ　Bア　Cイ
(2)　①象徴《しょうちょう》　②国事行為《こくじこうい》
(3)　①○　②◎

アドバイス (2)②日本国憲法《けんぽう》では，天皇《てんのう》は国事行為（政治上の権限がない形式的・儀礼《ぎれい》的行為）を内閣《ないかく》の助言と承認《しょうにん》にもとづいて行うと定めています。

2 (1)　三権分立《さんけんぶんりつ》
(2)　①衆議《しゅうぎ》，参議《さんぎ》（順不同）　②18　③ア
(3)　内閣総理大臣《そうりだいじん》　(4)　裁判員《さいばんいん》

アドバイス (2)③条約《じょうやく》は国家間で結ぶ約束ごとです。また，条例《じょうれい》は，それを定めた地方公共団体だけに適用されるきまりです。最近では，たばこやあきかんの「ポイ捨て禁止条例」を定める地方公共団体が多くなっています。

2 くらしと政治②　(55ページ)

1 (1)　地方公共団体（地方自治体）
(2)　①30　②25　(3)　税金《ぜいきん》
(4)　①消費税　②市議会
(5)　バリアフリー　(6)　世論《よろん》

アドバイス (4)税金には，消費《しょうひ》税のほか，住んでいる市(区)町村に納《おさ》める住民税や，会社員の給与《きゅうよ》など にかかる所得《しょとく》税など，さまざまな種類があります。市のお金の使い方を決めるのは市議会です。市長は使い方の案を市議会に出します。

2 (1)　法律《ほうりつ》　(2)　自衛隊《じえいたい》　(3)　ボランティア
(4)　①ウ　②エ　③ア

アドバイス (1)災害《さいがい》が発生したとき，救済《きゅうさい》のための行動をじん速に行うには法律が必要です。そこで，災害対策《たいさく》基本法や災害救助法という法律がつくられています。(3)災害のときなど，ボランティアの働きは重要なものとなってきています。

3 米づくりのむらから古墳《こふん》のくにへ　(56ページ)

1 (1)　土偶《どぐう》　(2)　①㋑　②㋒　③㋐
(3)　①邪馬台国《やまたいこく》　②卑弥呼《ひみこ》
(4)　①㋑　②㋒　③㋐

アドバイス (2)③弥生《やよい》土器といいます。縄文《じょうもん》土器とのちがいをおさえておきましょう。
(3)「中国の歴史の本」とは『魏志《ぎし》』の倭人伝《わじんでん》です。邪馬台国は弥生時代にあった国です。卑弥呼は魏（中国）に使いを送りました。

2 (1)　前方後円墳《ぜんぽうこうえんふん》　(2)　はにわ　(3)　大王《おおきみ》《だいおう》
(4)　渡来人《とらいじん》

アドバイス (1)大仙《だいせん》(大山)古墳《こふん》は大阪府堺《さかい》市にあります。(2)はにわには，人間・家・動物などいろいろな形があります。(3)大王は，のちに天皇《てんのう》と呼《よ》ばれるようになりました。

4 天皇《てんのう》中心の国づくり　(57ページ)

1 (1)　①　Aウ　Bア
②　㋐遣隋使《けんずいし》　㋑小野妹子《おののいもこ》
(2)　法隆寺《ほうりゅうじ》
(3)　中大兄皇子《なかのおおえのおうじ》，中臣鎌足《なかとみのかまたり》（順不同）

アドバイス (1)①摂政《せっしょう》とは，天皇が女性や子どものときに代わって政治を行う役職です。(3)中臣鎌足は藤原《ふじわら》の姓《せい》をさずけられ，藤原氏の祖《そ》となりました。

2 (1)　平城京《へいじょうきょう》　(2)　東大寺《とうだいじ》　(3)　行基《ぎょうき》
(4)　中国《ちゅうごく》（唐《とう》）

アドバイス (2)聖武《しょうむ》天皇は，仏教の力で国を治めようとして，全国に国分寺《こくぶんじ》・国分尼寺《こくぶんにじ》を，都には大仏をまつる東大寺を建てさせました。

3 (1)　平安京《へいあんきょう》　(2)　藤原道長《ふじわらのみちなが》　(3)　紫式部《むらさきしきぶ》

アドバイス (2)資料は「この世は自分の世のようだ。満月のように栄えていて，すみずみまで勢いが満ちている。」というような意味です。

5 確認《かくにん》テスト①　(58ページ)

1 (1)　①国民　②基本　③戦争
(2)　非核三原則《ひかくさんげんそく》

アドバイス (1)日本国憲法《けんぽう》の３つの原則は，国民主権《しゅけん》，基本的人権《じんけん》の尊重《そんちょう》，平和主義です。平和主義では戦争を放棄《ほうき》し，武力を使わないと定めています。

2 (1)　ウ　(2)　ウ
(3)　【例】住民に市の仕事の進め方を決める権《けん》利《り》があるから。

アドバイス (1)国会の2つの議院は，同じ議題をそれぞれが話し合って，多数決で決めます。(2)郵便の集荷《しゅうか》・配達は郵便局の仕事です。(3)住民に選挙で選ばれた住民の代表者によって，市の仕事やそのために使う費用は決められます。

3 (1)　弥生《やよい》時代　(2)　遣唐使《けんとうし》
(3)　大化《たいか》の改新《かいしん》　(4)　聖武天皇《しょうむてんのう》

アドバイス (1)弥生時代は，米づくりが伝わったころから3～4世紀ごろまでです。(2)中国では618年に隋《ずい》がほろび，唐がおこりました。(3)聖徳太子《しょうとくたいし》の死後，蘇我《そが》氏が天皇をしのぐほどの勢力をもったため，中大兄皇子《なかのおおえのおうじ》らは天皇中心の国づくりを目指しました。

4 (1)　源氏《げんじ》物語　(2)　かな文字
(3)　寝殿造《しんでんづくり》　(4)　国風《こくふう》文化

アドバイス 菅原道真《すがわらのみちざね》の提案《ていあん》で，894年に遣唐使が停止されました。その後，中国(唐)の文化の影響《えいきょう》がうすれ，日本独自の文化が発達しました。

6 武士の世の中 (59ページ)

1 (1) 源氏《げんじ》 (2) ア (3) ウ

アドバイス (2)平清盛《たいらのきよもり》は貴族《きぞく》のような政治を行いました。(3)平氏《へいし》がほろんだ壇ノ浦《だんのうら》は，山口《やまぐち》県下関《しものせき》市の関門海峡《かんもんかいきょう》にあります。

2 (1) 源頼朝《みなもとのよりとも》 (2) ご恩《おん》 (3) 北条《ほうじょう》
(4) ①元《げん》 ②【例】ほうび(新しい土地)を十分にもらえなかったから。

アドバイス (4)元《げん》は，モンゴル民族が中国《ちゅうごく》につくった帝国《ていこく》です。元の軍が1274年（文永《ぶんえい》の役《えき》）と1281年（弘安《こうあん》の役）の2度にわたって九州北部にせめてきました。

3 (1) 金閣《きんかく》 (2) 足利義政《あしかがよしまさ》 (3) 書院造《しょいんづくり》
(4) 雪舟《せっしゅう》

アドバイス (3)書院造にはたたみ，ふすま，しょうじ，床《とこ》の間《ま》，ちがいだななどがあり，現在の和風建築のもとになりました。

7 全国統一への動き (60ページ)

1 (1) エ (2) ポルトガル
(3) ザビエル（フランシスコ=ザビエル）

アドバイス 鉄砲《てっぽう》は，種子島《たねがしま》に流れついたポルトガル人によって伝えられました。その6年後に，ザビエルがキリスト教を伝えました。

2 (1) ①長篠《ながしの》の戦い ②鉄砲
(2) ①足利 ②室町《むろまち》 ③安土《あづち》城 ④明智光秀《あけちみつひで》

アドバイス (1)資料の左側が織田《おだ》・徳川《とくがわ》連合軍，右側が武田《たけだ》軍です。織田・徳川連合軍の鉄砲隊に武田軍の騎馬《きば》隊がせめこんでいる様子がわかります。

3 (1) 大阪城 (2) 検地《けんち》（太閤《たいこう》検地） (3) 刀狩《かたながり》
(4) イ (5) 朝鮮《ちょうせん》 (6) 関ヶ原《せきがはら》 (7) 江戸《えど》

アドバイス (2)の豊臣秀吉《とよとみひでよし》が行った検地は太閤検地ともいいます。(3)の資料を刀狩令といいます。この2つの政策によって武士と農民の身分がはっきり区別されました。

8 江戸幕府《えどばくふ》と鎖国《さこく》 (61ページ)

1 (1) ①イ ②ウ ③ア (2) ウ
(3) 武家諸法度《ぶけしょはっと》 (4) 参勤交代《さんきんこうたい》 (5) 徳川家光《いえみつ》

アドバイス (3)・(4)武家諸法度は将軍《しょうぐん》が代わるたびに出されました。参勤交代は大名《だいみょう》にとっては重い負担《ふたん》で，大名の将軍への奉公《ほうこう》を，制度として確立させたものです。

2 (1) ア (2) ①イ ②ア (3) 米

アドバイス (1)全人口の10%にも満たない武士が支配者でした。(3)武士の生活は，百姓《ひゃくしょう》が納《おさ》める年貢《ねんぐ》(米)によって支えられていたので，幕府《ばくふ》はこの心得《こころえ》を示すことで，百姓の日常生活を細かく制限していました。資料は1649(慶安《けいあん》2)年に幕府が出したと伝えられている「慶安のお触書《ふれがき》」ですが，近年これを疑問視《し》する説が出されています。

3 (1) 日本町 (2) 島原《しまばら》・天草《あまくさ》 (3) 出島《でじま》
(4) 鎖国《さこく》

アドバイス (1)朱印船《しゅいんせん》とは，幕府から貿易の許可証(朱印状)をあたえられた貿易船です。朱印船貿易は鎖国が完成する前に終わりました。(2)16才の天《あま》草《くさ》四郎《しろう》(益田時貞《ますだときさだ》)を中心に島原(長崎《ながさき》県)と天草(熊《くま》本《もと》県)の人々が4か月にわたって幕府軍と戦いました。

9 江戸《えど》時代の文化と新しい学問 (62ページ)

1 (1) 江戸《えど》 (2) 将軍《しょうぐん》のおひざもと
(3) B東海道《とうかいどう》 C中山道《なかせんどう》 (4) 西《にし》まわり
(5) 天下の台所

アドバイス (1)～(3)幕府は江戸を起点として，東海道・中山道・甲州街道《こうしゅうかいどう》・奥州《おうしゅう》街道・日光《にっこう》街道の五街道を整えました。

2 (1) ①学問－国学《こくがく》 人名－本居宣長《もとおりのりなが》
②学問－蘭学《らんがく》 国名－オランダ
(2) Aオ Bエ Cイ Dア (3) ア
(4) 寺子屋

アドバイス (1)「オランダ」を漢字で書くと，「和蘭」「和蘭陀」「阿蘭陀」などとなります。(4)寺小屋と書かないように気をつけましょう。

10 確認《かくにん》テスト② (63ページ)

1 (1) 太政大臣《だいじょうだいじん》 (2) 地頭《じとう》 (3) 北条時宗《ほうじょうときむね》
(4) 雪舟《せっしゅう》 (5) ウ (6) オランダ
(7) 大塩平八郎《おおしおへいはちろう》

アドバイス (1)太政大臣は朝廷《ちょうてい》の中の地位で，武士としては平清盛《たいらのきよもり》が最初になりました。(2)守護《しゅご》は国ごとに置かれ，軍事や警察《けいさつ》の仕事をしました。地頭は私有地などで，税の取り立てなどの仕事をしました。(5)御成敗式目《ごせいばいしきもく》は鎌倉幕府《かまくらばくふ》が定めた最初の武家法です。分国法《ぶんこくほう》は戦国大名《せんごくだいみょう》がつくった法です。

2 ①4 ②1 ③2 ④3 ⑤5

アドバイス ①が1600年，②が1573年，③が1588年，④が1592年と1597年，⑤が1603年です。②が信長《のぶなが》，③と④が秀吉《ひでよし》，①と⑤が家康《いえやす》についてのことです。

3 (1) 能《のう》（能楽《のうがく》） (2) 足利義満《あしかがよしみつ》
(3) B

アドバイス (1)(2)室町幕府《むろまちばくふ》3代将軍の足利義満は，文化や芸術《げいじゅつ》を保護《ほご》しました。観阿弥《かんあみ》・世阿弥《ぜあみ》親子も足利義満の保護を受けました。(3)㋑のAはとうみ，Cはからさおといいます。

11 開国と明治《めいじ》維新《いしん》 (64ページ)

1 (1) ①ウ ②オ ③イ
(2) ①坂本竜馬《さかもとりょうま》（坂本龍馬）
②【例】幕府《ばくふ》をたおすための同盟《どうめい》。

アドバイス (1)③徳川慶喜《よしのぶ》が政権《せいけん》を朝廷《ちょうてい》に返したことを大政奉還《たいせいほうかん》といいます。直後に王政復古《おうせいふっこ》の大号《だいごう》令《れい》が出され，これによって，260年余り続いた江戸《えど》幕府の時代は終わりました。

2 ①五 ②藩《はん》 ③20 ④平民《へいみん》

アドバイス ②廃藩置県《はいはんちけん》といいます。④百姓《ひゃくしょう》や町《ちょう》人《にん》は平民と呼《よ》ばれました。

3 ①福沢諭吉《ふくざわゆきち》 ②板垣退助《いたがきたいすけ》 ③伊藤博文《いとうひろぶみ》

アドバイス 板垣退助は，明治政府の重要な役職についていましたが，征韓論《せいかんろん》の論争に敗れて政府を去りました。

4 (1) ドイツ（プロイセン） (2) 皇帝《こうてい》（君主《くんしゅ》）
(3) 天皇《てんのう》 (4) 貴族院《きぞくいん》

アドバイス (4)貴族院は皇族《こうぞく》や華族《かぞく》の代表などで構成されていました。衆議院《しゅうぎいん》議員は国民の選挙で選ばれましたが，選挙権《けん》を持つ人は，一定の税金を納《おさ》める男子だけで，全人口の1.1%とごくわずかな割《わり》合《あい》でした。

12 日清《にっしん》・日露《にちろ》戦争と日本 (65ページ)

1 (1) 日清《にっしん》 (2) ㋐ロシア ㋑清（中国《ちゅうごく》）
(3) ア，エ（順不同）
(4) ①日露 ②与謝野晶子《よさのあきこ》 (5) 韓国併合《かんこくへいごう》

アドバイス (5)韓国（朝鮮《ちょうせん》）に対する日本の植民地支配は，1910年から1945年の日本の敗戦まで続きました。

2 (1) 八幡製鉄所《やはたせいてつじょ》 (2) イ
(3) Aア Bエ Cウ

アドバイス (3)赤痢菌《せきりきん》の発見は志賀潔《しがきよし》，『坊《ぼ》っちゃん』は夏目漱石《なつめそうせき》の作品，「荒城《こうじょう》の月」は滝廉太郎《たきれんたろう》の作曲です。

3 (1) 米そう動 (2) 全国水平社 (3) 25，男子

アドバイス (3)1925年に普通《ふつう》選挙法が成立し，納税額の制限がなくなりました。それまでは，一定の税金を納《おさ》める25才以上の男子だけに選挙権があたえられていました。

13 長く続いた戦争と新しい日本 (66ページ)

1 (1) 満州事変《まんしゅうじへん》 (2) 満州国《まんしゅうこく》 (3) 国際連盟《こくさいれんめい》
(4) Dエ Eオ Fア (5) 太平洋《たいへいよう》
(6) 集団（学童）疎開《そかい》 (7) ①広島《ひろしま》 ②長崎《ながさき》

アドバイス (1)は「漢字4字で」とあるので気をつけましょう。(4)のオの法律《ほうりつ》は国家総動員法です。

2 (1) 20，男女（国民） (2) サンフランシスコ
(3) 国際連合 (4) ①イ ②エ

アドバイス (1)女子に初めて選挙権《けん》があたえられました。(4)①アジアで初めて開かれたオリンピックでした。

14 世界の中の日本① (67ページ)

1 (1) Aカ Bエ Cウ Dイ Eキ
(2) ①カ ②キ ③ア ④オ ⑤エ

アドバイス (2)③イスラム教はサウジアラビアを初め，西アジアや北アフリカの国々の多くの人々が信仰《しんこう》しています。

2 (1) ウ (2) エ (3) 韓国《かんこく》（大韓民国）

アドバイス (1)機械類を種類別に見ると，自動車は日本の最大の輸出品目です。(2)サウジアラビアは雨の少ない地域です。

15 世界の中の日本② (68ページ)

1 (1) 1945 (2) 第二次世界大戦
(3) ニューヨーク (4) 総会
(5) 安全保障《あんぜんほしょう》 (6) 平和維持活動《へいわいじかつどう》（PKO《ピーケーオー》）
(7) Cア Dエ (8) 青年海外

アドバイス (6)安全保障理事会が中心となって行う活動です。(7) W HO《ダブリューエイチオー》は国際連合の世界保健機関の略称《りゃくしょう》です。

2 ①エ ②オ ③イ ④ウ

アドバイス ①世界の気温が上昇《じょうしょう》する現象です。③紫外線《しがいせん》は人間や動物にとって有害な光です。

16 確認《かくにん》テスト③ (69ページ)

1 (1) ペリー (2) ウ

アドバイス 1853年にペリーが来日して開国を求めたとき，幕府《ばくふ》は翌年《よくねん》返事をするとしました。ペリーは翌年再び来日し，日米和親《にちべいわしん》条約を結びました。

2 (1) イ (2) ア

アドバイス 与謝野晶子《よさのあきこ》は，日露《にちろ》戦争の戦場にいる弟の無事をいのる詩を発表して，戦争に反対する気持ちをあらわしました。

3 ①オ ②ウ ③エ ④ア

アドバイス ②1956年に日ソ共同宣言を発表し，ソ連との国交が回復しました。それまでソ連は，日本の国際連合への加盟に反対していました。

4 (1) ①アメリカ（合衆国《がっしゅうこく》）
②中国《ちゅうごく》（中華人民共和国《ちゅうかじんみんきょうわこく》）
(2) 地球温暖《おんだん》化

アドバイス (2)地球の平均気温が上がると南極の氷がとけたり，水がぼうちょうしたりするため，海面が上昇《じょうしょう》します。

理　科

1 ものの燃え方と空気　(70ページ)

1 ①㋐，㋑　②㋒
③イ

アドバイス 空気の入り口が下にあり，出口が上にあると，びんの中の空気が入れかわるため，ろうそくの火が燃え続けます。

2 イ，エ
3 ①変化しない（変わらない）。
②白くにごる。
③二酸化炭素

アドバイス 石灰水《せっかいすい》に二酸化炭素を通すと，石灰水は白くにごります。

4 ①酸素　②空気
③すぐに消える。

アドバイス ①　酸素には，ものが燃えるのを助けるはたらきがあります。
②　空気中ではものがおだやかに燃えます。このびんでは空気が入れかわらないので，火はしばらくすると消えてしまいます。
③　㋒のびんには，ちっ素が入っています。ちっ素には，ものを燃やすはたらきはありません。

2 呼吸《こきゅう》のしくみ，食べ物の消化・吸収《きゅうしゅう》　(71ページ)

1 ①水蒸気（水）　②イ
③二酸化炭素

アドバイス はく息には，吸《す》う息よりも水蒸気《すいじょうき》と二酸化炭素が多くふくまれています。また，酸素も残っています。

2 ①㋐…気管　㋑…肺
②えら

アドバイス 人は肺《はい》で酸素をとり入れ，二酸化炭素を出しています。魚はえらで水にとけている酸素をとり入れ，二酸化炭素を水中に出しています。

3 ①Ⓐ　②イ
4 ①㋐…胃　㋑…大腸
②消化　③小腸

3 血液のはたらき，人のからだ　(72ページ)

1 ①心臓…㋒　肺…㋐
②Ⓑ，Ⓔ　③ウ　④酸素
⑤養分　⑥尿（にょう）
2 ア○　イ×　ウ○　エ×　オ○

アドバイス 脈はくは，心臓《しんぞう》によって送り出された血液の流れによってできる，強弱のリズムです。心臓のはく動数と脈はく数は同じです。

3 ①おびれ　②水
③イ

アドバイス ①　おびれはうすく，すき通っているので，血液の流れを観察しやすいのです。

4 植物のからだと養分　(73ページ)

1 ①葉の緑色をぬくため。
②ヨウ素液
③Ⓐ…青むらさき色になる。
Ⓑ…変化しない（変わらない）。
でんぷんができていた葉…Ⓐ
④Ⓑ

アドバイス ①　葉の緑色は，エタノール（アルコール，エチルアルコール）にとける性質があります。緑色をぬくのは，ヨウ素液による色の変化を見やすくするためです。また，エタノールは引火しやすいので，直接熱してはいけません。
④　Ⓐの葉にできたでんぷんは，ほかの部分に運ばれたために，でんぷんはありません。Ⓑの葉には日光が当たったため，でんぷんができます。

2 ①ヨウ素液の反応を見やすくするため。
②ウ

アドバイス ②　日光に当たった部分でのみでんぷんができます。アルミニウムはくでおおいをしていた部分は日光が当たらないため青むらさき色になりません。

3 ①根，水蒸気，葉（気こう）　②蒸散

5 生物のくらしとかんきょう　(74ページ)

1 ①酸素…少なくなった（減った）。
二酸化炭素…多くなった（ふえた）。
②酸素…多くなった（ふえた）。
二酸化炭素…少なくなった（減った）。
③㋐…二酸化炭素　㋑…酸素

アドバイス ①　空気中の酸素と二酸化炭素の体積の割合《わりあい》は，酸素が約21%，二酸化炭素は約0.04%です。③　植物は日光が当たっているときには，二酸化炭素をとり入れて，酸素を出しています。

2 ミジンコ，ゾウリムシ，ツボワムシに○
3 (あ)二酸化炭素　(い)酸素
(う)酸素　(え)二酸化炭素
(お)酸素　(か)二酸化炭素

アドバイス 日光が当たっているとき，植物は二酸化炭素をとり入れて酸素を出しています。（同時に，植物は，呼吸を行うことで，酸素をとり入れて二酸化炭素を出していますが，日光が当たっているときは，呼吸のはたらきよりも，二酸化炭素をとり入れて酸素を出すはたらきのほうが大きくなります。）動物が呼吸するときやものが燃えるときには，酸素が使われて二酸化炭素が出されます。

4 Ⓐイ　Ⓑウ　Ⓒエ　Ⓓア

アドバイス 食べられる生物から食べる生物に向かって矢印がのびています。
Ⓐ…Ⓑを食べる。
Ⓑ…Ⓒを食べ，Ⓐに食べられる。
Ⓒ…Ⓓを食べ，Ⓑに食べられる。
Ⓓ…Ⓒに食べられ，何も食べない。
これらのことから，Ⓓは自分で養分をつくる植物，Ⓒは草食動物，Ⓑは小形（小型）の肉食動物，Ⓐは大形（大型）の肉食動物であることがわかります。

6 確認《かくにん》テスト①　（75ページ）

1 ①㋐…ちっ素　㋑…酸素
②㋐…変化しない（変わらない）。
㋑…少なくなっている（減っている）。

2 ①㋑…食道　㋓…胃
㋕…大腸　㋖…小腸
②(あ)…㋑　(い)…㋓　(う)…㋖
(え)…㋕　(お)…㋗
③ア　④イ

アドバイス ㋐は口，㋑は食道，㋒はかん臓，㋓は胃《い》，㋔はすい臓，㋕は大腸，㋖は小腸，㋗はこう門を示しています。食べ物の通り道である消化管は，口→食道→胃→小腸→大腸→こう門と続いています。
③　小腸では消化された養分と水分が吸収《きゅうしゅう》されます。また，水分は小腸だけでなく，大腸からも吸収されます。

3 　ア，エ，オ

アドバイス 葉でできたでんぷんは，水にとける糖《とう》に変わって全身に運ばれ，成長するための養分として使われたり，再びでんぷんになって，いもや種子にたくわえられたりします。

7 月と太陽　（76ページ）

1 ①A…新月　B…満月
②C　③イ

アドバイス ①　Aは月の光っている部分が見えない新月，Bは月の光っている部分がすべて見える満月です。

2 ①イ　②クレーター

3 ①オ　②東　③ウ
④南　⑤新月　⑥三日月

アドバイス ⑥　夕方，西の空に見える右側が細く光っている月を三日月といいます。

8 大地のつくり　（77ページ）

1 ①イ　②地層

アドバイス ①　つぶが大きいものから先にしずみます。

2 (あ)火山灰《かざんばい》　(い)でい岩　(う)れき岩

3 ①ア…Ⓑ　イ…Ⓓ
②でい岩の層…Ⓒ　火山灰の層…Ⓓ
③大きさ　④化石　⑤アンモナイト

アドバイス ①　地層《ちそう》は，ふつう，横にもおくにも広がっているので，同じがけにあるA，B，Cの地点では，地層は同じように積み重なっていると考えられます。このため，Bの地点のアの層はAやCの地点のⒷの層と，イの層はAやCの地点のⒹの層と同じであると考えられます。
②　わたしたちが地上で見る地層は，水底にたい積したものが長い年月の間に，大きな力を受けておし上げられたものです。水のはたらきによってできたれき，砂《すな》，どろなどの地層がおし固められると，れき岩，砂岩《さがん》，でい岩などの岩石になります。でい岩は，砂よりも細かいどろなどのつぶが固まってできた岩石です。また，火山灰の層は，火山がふん火したときにふき出した火山灰などがたい積してできたもので，小さな穴《あな》があいた石などが混《ま》じることがあります。水で洗《あら》った火山灰を双眼実体顕微鏡《そうがんじったいけんびきょう》などで観察すると，角ばったつぶを見ることができます。

9 火山・地しんによる大地の変化（78ページ）

1 ①(あ)…ウ　(い)…イ
②ア，イ，オ

アドバイス ②　火山灰は，作物を植えるための土としては適しています（ア）が，作物の上に積もる（エ）と，作物をからしてしまいます。大雨がもたらされて水不足が解消される（ウ）のは，台風によるめぐみです。火山の熱（オ）は地熱とよばれています。

2 ①断層　②Ⓐ…イ　Ⓑ…ア
③イ

10 てこのつり合いのしくみ　（79ページ）

1 ①てこ
②棒を支えている点…(い)
ものに力がはたらいている点…(あ)
棒に力を加えている点…(う)
③(あ)…作用点　(い)…支点　(う)…力点
④ア，ウ

2 ①(い)　②1個
③6のめもり

3 ①ア，エ
②厚紙（切るもの）を支点の近くに持ってくる。

アドバイス ②　切るものを支点《してん》の近くに持ってきて，支点と作用点《さようてん》の間のきょりを小さくすると，小さい力でものを切ることができます。

11 確認《かくにん》テスト② (80ページ)

1 ①イ
②(あ)…砂岩　(う)…でい岩　(お)…れき岩
③火山灰

アドバイス ①　地層は，がけのおくや横，地下にも広がっています。

2 ①ア，エ
②大きく（長く），小さく（短く）

3 ①6のめもり　②60g

アドバイス ①　左のうでをかたむけるはたらきは，30×4＝120　120÷20＝6
②　120÷2＝60

12 水よう液にとけているもの (81ページ)

1 ①ア，エ
②Ⓐ…アルカリ，石灰水　Ⓑ…中，食塩水
Ⓒ…酸，うすい塩酸
③Ⓐ…ア　Ⓒ…イ

アドバイス ①　リトマス紙はピンセットで持ち，水よう液をつけるときは，ガラス棒《ぼう》でリトマス紙のはしにつけるようにします。ガラス棒は1回ごとに新しい水で洗《あら》い，水よう液どうしが混ざらないようにします。

2 ①炭酸水…二酸化炭素　うすい塩酸…塩化水素
②イ　③アンモニア水，うすい塩酸
④石灰水，食塩水
⑤アンモニア水，炭酸水，うすい塩酸

アドバイス ④　石灰水《せっかいすい》には，水酸化カルシウムという固体がとけているので，水を蒸発《じょうはつ》させると，その白い固体が残ります。
⑤　気体がとけている水よう液は，水を蒸発させると，あとに何も残りません。

13 金属と水よう液 (82ページ)

1 ①Ⓐ…イ　Ⓑ…イ
②Ⓐ…ウ　Ⓑ…エ
③Ⓐ…ア　Ⓑ…ア　④ア

アドバイス 水よう液にとけた金属は，もとの金属とはちがう，別のものに変わってしまいます。

2 Ⓐ食塩水　Ⓑ水酸化ナトリウム水よう液
Ⓒうすい塩酸

3 ①うすい塩酸…酸性
水酸化ナトリウム水よう液…アルカリ性
②中性

アドバイス アルミニウムは，酸性のうすい塩酸に入れても，アルカリ性の水酸化ナトリウム水よう液に入れてもとけます。ところが，ある量のうすい塩酸と水酸化ナトリウム水よう液を混ぜ合わせてできた液は中性になり，アルミニウムを入れてもとけません。

14 発電と電気の利用 (83ページ)

1 ①電気　②逆（反対）
③明るく　④光

アドバイス ②　ハンドルを逆《ぎゃく》に回すと，電流の向きが逆になります。

2 ①発光ダイオード　②発光ダイオード

アドバイス 発光ダイオードは，豆電球より電気を効率的に使うことができるので，豆電球より長い時間明かりがついています。

3 ア○　イ□　ウ△　エ○　オ□

4 ①Ⓐ…ウ　Ⓑ…イ　②ア

アドバイス ②　イのプログラムは，もし人が近づいたら，あるいは，もし暗かったら，明かりをつけることになります。

15 人と自然かんきょう (84ページ)

1 ①酸素　②酸素
③二酸化炭素　④植物

2 ①○　②×　③○

3 ①Ⓐ…ア　Ⓑ…イ　Ⓒ…ア　Ⓓ…ウ
②(あ)…電気　(い)…二酸化炭素（はい気ガス）

アドバイス ①　風力発電や燃料電池自動車は，石油や石炭を燃やさないので空気をよごしません。わたしたちが生活の中で使った大量の水をそのまま川や海に流すと，川や海の水がよごれてしまうので，都市部では下水処理場《げすいしょりじょう》で水をきれいにしてから流します。また，再生紙を使うと，その分，紙の原料である木を切らずにすみます。

16 確認《かくにん》テスト③ (85ページ)

1 ①酸性…ウ，エ，カ
中性…ア，オ
アルカリ性…イ，キ，ク
②イ　③イ
④とける。
⑤（あわは出さずに）とける。

アドバイス ②　炭酸水にふくまれている気体は二酸化炭素です。ペットボトルをふると，二酸化炭素が水にとけて炭酸水になり，とけた二酸化炭素の分だけペットボトルがへこみます。③〜⑤　蒸発皿に残ったものは，もとのアルミニウムとは別の性質をもつものなので，水やうすい塩酸に入れたときのようすもちがいます。

2 ①ウ　②ア
③イ，カ　④エ，オ，キ

3 ①○　②○
③×　④×

国語

1 人物の心情を読み取ろう① (86ページ)

■ ①〈例〉太郎を乗せて走りたがっている（と感じた）。
②緑の地平線
③１〈例〉（馬も、）野に置かれたような気持ちになるにちがいない、と思ったから。
２馬の目・おだやかな風

アドバイス
■ ①「太郎《たろう》を乗せて走れないのが、本当に残念そうだった。」の文をもとにまとめます。②太郎は「緑色のクレヨン」で「太い線」を引きました。これは、すぐあとの文にあるように、「緑の地平線」のつもりだったのです。③１ ２つあとの文に、「こうすれば、……と思ったのだ。」と書かれています。２ 最後の段落《だんらく》に書かれています。

2 人物の心情を読み取ろう② (87ページ)

■ ①１〈例〉馬のびょうぶ（びょうぶの馬）の前に立ちつくしていた。
２ア
②〈例〉（びょうぶの中の、）馬の後ろにずっと広がる野の向こうから。
③ウ
④１〈例〉風にふかれて、（ふうわりと、）なびき始めていた。
２〈例〉なま温かい、本物の馬の手ざわりがあり、細かな毛が、びっしりと生えていた。
３鼻息

アドバイス
■ ①直前の文の「その前」とは、「馬のびょうぶの前」、あるいは「びょうぶの馬の前」のことです。②倉の「高い窓《まど》からふきこんだ風ではなかった」とあることに注意しましょう。③「目をやる」は、「見る」という意味を表す慣用句です。④馬のたてがみや首の様子や鼻息から、馬が生きていると感じられたのです。

3 漢字を読もう書こう① (88ページ)

1 ①じんけん ②あな ③しょとう ④かし ⑤はんちょう ⑥とうろん ⑦まど ⑧みと ⑨たんじょうび・ほうもん ⑩ざっし・ごじ
2 ①㋐わけ ㋑やく ②㋐あぶ ㋑き
3 ①㋐検 ㋑険 ②㋐複 ㋑復
4 ①現 ②効 ③破
5 ①性格 ②可能 ③確・情報

アドバイス
4 意味に応じて正しい漢字を書き分けましょう。

4 漢字を読もう書こう② (89ページ)

1 ①れいぞうこ・わす ②わかて・はいゆう ③けいしちょう ④ちょしゃ ⑤ねだん ⑥じょうき ⑦ざせき
2 ①㋐とも ㋑そな ㋒きょう
②㋐きず ㋑しょう
3 ①誤る ②認める ③訪ねる
4 ①危険 ②権利
5 ①日誌 ②同窓会 ③誕生 ④諸・検討 ⑤班・議論

アドバイス
3 ①「誤まる」、②「認る」、③「訪る」と書かないように注意しましょう。

5 複合語／類義語／漢字の形と音・意味 (90ページ)

1 ①オ ②ア ③エ ④イ ⑤ウ
2 ①㋐イ ㋑ア ②㋐イ ㋑ウ
③㋐ア ㋑イ ④㋐ウ ㋑ア
3 ①㋐固 ㋑故 読み方…こ
②㋐積 ㋑績 読み方…せき
③㋐整 ㋑政 読み方…せい
4 ①イ ②ア ③ウ

アドバイス
1 ②「夏」も「休み」も訓読みなので、どちらも和語です。③「飼育」は漢語、「係」は和語です。④「調査」も「結果」も音読みなので、どちらも漢語です。
3 ①どちらの漢字にも「古」が入っています。②どちらの漢字にも「責」が入っています。③どちらの漢字にも「正」が入っています。
4 ①「氵」は「水」を表します。②「言」は「言葉」を表します。③「宀」は「家」を表します。

6 漢字を読もう書こう③ (91ページ)

1 ①がっしゅうこく・うちゅう
②せいか・いた ③ひみつ・うたが
④こくもつ・のぞ ⑤じゅうたく
⑥せんでん ⑦しゅうきょう ⑧しょくよく
2 ①㋐たから ㋑ほう
②㋐きざ ㋑こく
3 ①庁 ②値
4 ①視力 ②忘 ③著名・俳人 ④若・優勝
5 ①警 ②段 ③供

アドバイス
5 ③「備《そな》える」は、「災害に備える。」のように使います。

7 漢字を読もう書こう④　(92ページ)

1 ①じゅく・も　②たんにん・きちょう
③すいり・ひひょう　④かくだい
⑤さんぱい　⑥たんけん　⑦す　⑧はいいろ
⑨りんじ　⑩なみき　⑪やちん

2 ①刊　②謝

3 ①宝物　②意欲　③民衆　④深刻
⑤聖書　⑥疑問

4 ①室→至　②字→宇　③必→秘　④余→除

アドバイス

2 ①「巻・刊」の音読みは「かん」、他は「居《きょ》・暴《ぼう》・判《はん(ばん)》」。②「捨・謝」の音読みは「しゃ」、他は「識《しき》・職《しょく》・招《しょう》」と読みます。

8 確認《かくにん》テスト①　(93ページ)

1 ①〈例〉馬の背に乗って走る夢。
②ウ　③くりいろの風
④〈例〉とてもうれしい気持ち。

2 ①㋐精　㋑青　②㋐交　㋑効

3 ①討論　②秘密　③若・宇宙　④批評・訳

アドバイス

1 ①「思い切り地をけって」という言葉を入れても構いません。また、「(びょうぶの中の) 馬に乗る夢。」などでもよいでしょう。③速く走る馬を「くりいろの風」にたとえています。④「うれしさに、大声を上げる太郎」という部分から、太郎《たろう》の喜びがわかります。

2 ①どちらの漢字も「青」の形が共通していて、「せい」と読みます。②どちらの漢字も「交」の形が共通していて、「こう」と読みます。

9 内容を正しく読み取ろう①　(94ページ)

■ ①夜十時頃（ごろ）に咲（さ）くから。
②1 だが　2 ところで
③昼夜・逆転　④腹時計　⑤イ

アドバイス

■ ② 1 のあとは、ゲッカビジンを昼間に咲《さ》かせて見せるという内容で、すぐ前の内容とは反対のことを述べています。 2 のあとでは、前とは異《こと》なる話題になっています。③「その方法」の具体的な内容は、次の段落《だんらく》で説明されています。ここから適切な言葉を書き出しましょう。⑤この文では、植物は自分の時計をもっていて、それに正確に従《したが》っていると説明しています。そして、文章の初めで説明されている、ゲッカビジンは夜十時頃《ごろ》に咲くということが、その具体例として適切です。

10 内容を正しく読み取ろう②　(95ページ)

■ ①1 開花してから。
2 アサガオ…開花する。
タンポポ…花を閉じる。
②方角を補正
③〈例〉朝起きて太陽の光を感じること(で)。
④植物・人間　〈順不同〉

アドバイス

■ ①第1・2段落から、アサガオとタンポポのちがいをとらえましょう。②第3段落の最後に「その補正《ほせい》のために体内時計を使っている」とあります。「その補正」とは何を補正することかを、前の部分からとらえましょう。③第4段落の「体内時計をリセットして」とは、体内時計を機械の時計と合わせるということです。④第3段落の1文めで、アサガオとタンポポをまとめて「植物」と述べています。

11 漢字を読もう書こう⑤　(96ページ)

1 ①ほうりつ　②したが　③きぬ　④かく
⑤けい　⑥しゅくしゃく　⑦たんじゅん
⑧しゅうのう　⑨へいまく　⑩そうじゅう

2 ①㋐べに　㋑こう　②㋐し　㋑と

3 ①並ぶ　②巻く　③探す

4 ①臨海　②賃　③拡張　④貴族
⑤担当・批判

5 ①捨・入（四捨五入）　②拝・拝（三拝九拝）

アドバイス

2 ②「閉《と》める」「閉《し》じる」は、送りがなに注目して読み分けましょう。

5 ①は「ししゃごにゅう」、②は「さんぱいきゅうはい」と読みます。最初の「拝」を「ぱい」と読むことに注意しましょう。

12 漢字を読もう書こう⑥　(97ページ)

1 ①つくえ・まい　②たまご・わ
③げき・えんそう　④じゅ　⑤そ
⑥かぶしき　⑦きんむ　⑧てつぼう
⑨こうふん　⑩そうさく　⑪もよう

2 ①こく　②ぼ

3 ①修　②治　③納

4 ①閉　②従　③縦　④私

5 ①純白　②体操　③幕府　④絹・縮

アドバイス

2 ①は「時刻《じこく》」「穀物《こくもつ》」「告知《こくち》」、②は「規模《きぼ》」「墓地《ぼち》」「祖母《そぼ》」と読みます。

3 ①「修学《しゅうがく》」、③「納税《のうぜい》」という熟語《じゅくご》があることから考えましょう。②の「おさめる」は、「統治《とうち》する」と似た意味です。

4 ①「開閉《かいへい》」、②「主従《しゅじゅう》」、③「縦横《じゅうおう》」、④「公《こう》私《し》」と読みます。

13 前後をつなぐ言葉／文の組み立て　(98ページ)

1　①イ　②エ　③ア　④ウ
2　①と　②が　③し
3　①ベルが ― 鳴り・幕が ― 上がった
②妹が ― 焼いた・パンは ― かたい
③これは ― 化石です・私が ― 拾った
〈それぞれ順不同〉
4　①イ　②ア　③イ

アドバイス
1　それぞれ、つなぐ言葉の前とあとの事柄《ことがら》の関係に注意して読みましょう。
3　②「妹が－焼いた」が「パンは」を修飾《しゅうしょく》しています。③主語「これは」と述語「化石です」がはなれているので、注意しましょう。
4　①「私《わたし》が－見た」が「絵は」を修飾しています。③「先生が－書いた」が「ことを」を修飾しています。

14 漢字を読もう書こう⑦　(99ページ)

1　①こんなん　②たいさく　③きんにく
④すいちょく　⑤かんたん　⑥ずつう
⑦いこく　⑧りゅういき　⑨われ
⑩せいとう　⑪みだ　⑫よくじつ
2　①㋐ちち　㋑にゅう　②㋐たわら　㋑ひょう
3　①努　②務　③勤
4　①模型　②棒　③樹木　④劇団・創設
5　①奮う　②刻む　③割れる　④染める

アドバイス
3　①「努める」は「努力する」、②「務める」は「役目を受けもつ」、③「勤《つと》める」は「会社などに出て働く」という意味のときに使う漢字です。
5　①「奮るう」と書かないように注意。

15 漢字を読もう書こう⑧　(100ページ)

1　①しょうらい　②そんけい
③ゆうびんきょく　④きょうど　⑤じしん
⑥さとう　⑦せんもん　⑧すんぽう
⑨てっこう　⑩こしょう
2　①㋐ふ　㋑お　㋒こう　②㋐い　㋑しゃ
3　①筋道　②牛乳　③地域・対策　④悪党
4　①痛い　②乱れる　③難しい　④垂れる
⑤困る
5　①簡単　②異常

アドバイス
2　①「降《ふ》る」「降《お》りる」は、送りがなに注目して読み分けます。

16 確認《かくにん》テスト②　(101ページ)

1　①イ　②太陽が
③(自然の中で)人間が最もリラックスできる
④ア
2　①ア　②イ　③ア
3　①操縦　②机　③困難・対策　④卵・砂糖

アドバイス
1　①「日常の生活リズム」とは、私たちがふだん機械時計に合わせて生活しているリズムのことです。②第２段落《だんらく》の初めの部分で説明されているリズムのことです。③「人間が最もリラックスできる」も「体がいちばん喜ぶ」も、自然に合わせたリズムが人にとっていちばんよいリズムであるということを表しています。
2　②「兄が書く」が「話は」を修飾《しゅうしょく》しています。③「バスがおくれて」と「人がこまっていた」が対等に並《なら》んでいます。

17 情景を思いうかべよう　(102ページ)

■　①満開のさくらの花で／空がほとんど／うめつくされている
②空の青・さくらの花
③さくら（桜）の花びら(のこと)。
④イ

アドバイス
■　①・②満開の桜の花が空をうめつくしている様子を「ピンクの空」と表しています。逆に、桜の花のすきまから空の青が見える様子を「青い花」と表しています。空と花を逆転させているのです。
③ここでの「空」は、空をうめつくす桜の花のことなので、その「かけら」とは桜の花びらです。

18 作者の感動をつかもう　(103ページ)

■　①5　②ウ
③悲しめるもの(のために)・くるしみ生きむとするもの(のために)　〈順不同〉
④イ
⑤4

アドバイス
■　②りんごを前にした作者は、「両手を」大きく広げても「かかえきれない」ほどの気持ちに満たされています。アの「ちっぽけであわれ」は当てはまりません。イは、「とてもはなやか」の部分が大げさです。りんごの存在《そんざい》を確かなものとして受け止めているウが正解です。⑤「ああ」という言葉に、作者の感動が強く表れています。「五月」という題からわかるように、詩の中の「みどり」は、芽生えてまもない若葉《わかば》の緑で、作者は、それがあざやかにかがやく様子に感動しているのです。

19 漢字を読もう書こう⑨ （104ページ）

1 ①はら　②ちそう　③むね　④せなか
⑤はい　⑥ないぞう　⑦ずのう　⑧ほね
⑨てんらん・とど　⑩く・ばん

2 ①㋐あたた　㋑だん　②㋐うつ　㋑えい

3 ①尊重　②専門　③敬語　④主将
⑤故郷・降　⑥磁石・砂鉄

4 ①障　②射

アドバイス

4 ①「しょうがい」、②「はっしゃ」と読む言葉です。意味のちがいに注意して書き分けましょう。

20 漢字を読もう書こう⑩ （105ページ）

1 ①しょ・しゅうにん　②きび・さいばんかん
③かんごし・こきゅう　④けんぽう
⑤ふくそう　⑥ほきょう　⑦かいかく
⑧うら　⑨ちゅうじつ　⑩よ　⑪ひてい

2 ①減　②然

3 ①暖　②映　③降

4 ①㋐蔵　㋑臓　②㋐復　㋑腹

5 ①勉→晩　②墓→暮　③属→層

アドバイス

2 ①「厳・減」の音読みは「げん」、他は「胸《きょう》・格《かく》・銭《せん》」。②「善・然」の音読みは「ぜん」、他は「税《ぜい》・純《じゅん》・展《てん》」。「然」には「ねん」という音読みもあります。

3 ①「あたた(かい)」②「うつ(す)」③「お(りる)」と読む漢字が入ります。①気候についていうときは、「暖かい」と書きます。

21 敬意《けいい》を表す言葉づかい （106ページ）

1 ①イ　②ウ　③ア　④イ　⑤ア

2 ①いただいた　②めし上がった
③いらっしゃる　④うかがった

3 ①イ　②ア　③イ

4 ①〈例〉すみませんが、助けていただけますか。
②〈例〉しばらく入り口でお待ちください。

アドバイス

3 ②イの「持ってあげます」は、自分の手間を印象づける言い方で、敬意《けいい》を示すべき相手に対してはふさわしくありません。

4 ①「悪いのですが」や、「……助けてもらえますか」「……助けてください(ませんか)」などでもよいでしょう。②式典なので、改まった言い方をするようにします。「少し……」「少々……」などでもよいでしょう。

22 漢字を読もう書こう⑪ （107ページ）

1 ①かんちょう　②す　③おんせん　④い
⑤ちょうじょう　⑥えんちょう　⑦しげん
⑧はげ　⑨そんざい　⑩そ　⑪りっぱ
⑫すがた

2 ①㋐あら　㋑せん　②㋐おさな　㋑よう

3 ①仮装　②就職　③革命・呼

4 ①補う　②裁く　③厳しい　④吸う

5 ①裏　②善　③否

アドバイス

4 ①「補なう」と書かないように注意。

5 ①「表《おもて》―裏《うら》」②「善《ぜん》―悪《あく》」③「可《か》―否《ひ》」は、対《つい》になる漢字です。①「裏側《うらがわ》」、②「善人《ぜんにん》」、③「否決《ひけつ》」と読みます。

23 漢字を読もう書こう⑫ （108ページ）

1 ①てんのうへいか・こうごうへいか
②かいこ　③じこ　④さつ　⑤こうこう
⑥せいじつ　⑦かた　⑧しき　⑨しぼう
⑩しょり　⑪ろうどく　⑫じんあい
⑬どうめい

2 ①こう　②さん

3 ①氵　②灬　③月　④刂

4 ①感激　②姿勢　③遺産・保存

5 ①頂　②疑い　③潮　④源

アドバイス

2 ①は「皇居《こうきょ》」「鉄鋼《てっこう》」「紅白《こうはく》」、②は「養蚕《ようさん》」「賛成《さんせい》」「酸味《さんみ》」と読みます。

3 ①は「さんずい」、②は「れんが（れっか）」、③は「にくづき」、④は「りっとう」が　に入ります。

5 ①・③・④は、送りがながつきません。ただし、①は「頂《いただ》く」などの場合には送りがながつくので、注意しましょう。

24 確認《かくにん》テスト③ （109ページ）

1 ①ウ　②ほんとう(に)
③ア
④くだけても　これはわたしの　こころ

2 ①めし上がる　②いらっしゃる
③ごらんになる

3 ①裁判　②忠誠　③肺・呼吸　④展覧・延

アドバイス

1 ①「たとえばなしだと思っていた」というのは、実際に起こることではないと思っていたということです。②「たとえばなし」だと思っていたけれど、「ほんとうに」起こったのです。④自分のこころだから自分自身が大事にしよう、ていねいにあつかおうと思っているのです。